Junto Carreira fazer

JOSH DOUGLAS

[Junto Carreirafazer]

O entrelaçamento de carreiras profissionais eFamília em parcerias acadêmicas.

Conteúdo

1. "Vidas Ligadas" na Ciência – Desafios da carreira profissionale arranjos de coordenação

O assunto deste livro são os relacionamentos dentro e fora da parceria fatores o o carreiras profissionais de Mulheres e homens influência, se eles vivem em uma parceria acadêmica. Estas são as parcerias em aqueles ambos parceiro acima a Grau acadêmico e com isso acima a têm um potencial muito elevado para carreiras profissionais. Diversos sub- pesquisas para carreiras profissionais de Mulheres e acadêmicos mostrar, que o aumento dos recursos educacionais e experiências profissionais de Mulheres freqüentemente não em profissional carreiras e com isso nível de casal não podem ser convertidas em carreiras duplas. Tal é a proporção dos chamados Casais solteiros, em que apenas o homem é empregado, com formação acadêmicaas parcerias caíram de 44% (1971) para 17% (2004) (cf. Solga/ Rusconi 2008). no entanto deitar também 2004 o Parte no casais acadêmicos, em que ambos exerceram actividade profissional a tempo inteiro, apenas 30% Em muitos esse parcerias tem em si com isso o papel profissional o Mulheres mudanças, ou seja ela ir hoje maioria um emprego depois. No entanto, isso geralmente acontece em regime de meio período e nem sempre de acordo seu nível de educação. Apesar dos consideráveis investimentos em treinamento de ambos parceiro tem o plural o parcerias acadêmicas não carreira duplaarranjo.

Por que é tão difícil conseguir carreiras duplas? E porque eles ainda falham principalmente por causa da carreira da mulher? Nisso Um livro querer nós Responder sobre esse Perguntar dar e nós incluído em particular com as carreiras profissionais de mulheres e homens na ciência ocupar. A suposição básica de nossas análises é que carreiras duplas são o resultado de fatores internos e externos que não são uns aos outros agir, em vez de em um recíproca Relação um para o outro ficar em pé. Isso significa que as instituições do mercado de trabalho determinam em conjunto a lógica de carreira e culturas profissionais de disciplinas científicas e os acordos de coordenação intraparceiros, até que ponto o ritmos o Planos da Carreira o ambos parceiro hierárquico ou não importa

JOSH DOUGLAS

tär ser conciliado (pode ser) e se o respectivo profissional sucesso de ambos Parceiros (des)iguais é (consulte a seção 1.3).

A base de dados do livro é a coleção de mais de 1.300 padrões entrevistas de curso de vida com cientistas de diferentes Alemão faculdades assim como de 45 centrado no tema qualitativo Entrevistas (ver secção 1.4). Essas entrevistas e suas análises ocorreram em No âmbito do projeto "Faça uma carreira juntos. O entrelaçamento de carreiras profissionais e Família em parcerias acadêmicas" no Conhecimento- Centro de Pesquisa Social de Berlim (financiado pelo BMBF e o Fundo Social Europeu, ver Prefácio em esse Um livro).

O assunto deste capítulo é, em primeiro lugar, nossas análises do campo de carreira Ciência assim como o histórico Desenvolvimento de carreiras no Embed pair context (consulte as Seções 1.1 e 1.2). Depois disso comentários sobre o quadro analítico e as questões centrais posições do livro (Seção 1.3), na base de dados (Seção 1.4.) bem como a definição de carreira dupla conforme usada no livro (Seção 1.5). Por fim, resultados importantes da subseqüente os capítulos no que diz respeito à questão central do livro após a obstáculos para e condições de realização de dupla carreira em Parcerias acadêmicas contabilizadas (Seção 1.6).

1.1 Mulheres na ciência

A universidade mais antiga da Europa é a Faculdade de Direito de Bolonha 1088 Com isso olhar europeu faculdades sobre um acima 900 anos História de volta - uma história, no entanto, da qual as mulheres até o último dez anos foram persistentemente excluídos. Nos Estados Unidos, as mulheres eram admitido pela primeira vez na faculdade em 1833. Na Europa, demorou reitern" França e Suíça até 1865. E na Alemanha tornaram-se mulheres até não até 1908 o Acesso estudar em todos países da Alemanha Reichs permitidos (Geenen 1994: 23f.). No entanto, até 1920, eles foram autorizados a não habilitar (Mertens 1989: 5). Carreiras profissionais de mulheres em da ciência em uma escala maior são, portanto, um fenômeno relativamente jovem homens.

O aumento da proporção de mulheres entre os estudantes na Alemanha até para a paridade de hoje de cerca de 50% foi um processo demorado. até No início do Terceiro Reich, a proporção de mulheres entre os estudantes aumentou próximo relativamente rápido para 19% (1932). Com o gênero fortemente tradicional Após a ideologia do nacional-socialismo, a proporção de mulheres voltou a aumentar 15% (1939) (Mertens 1989: 3). Apenas 1950 foi nas duas partes de então compartilhado da Alemanha o nível o Weimar república de novo

"Ligado Vidas" na Ciência

alcançado. Desde a década de 1960, o milagre econômico e a início da expansão educacional, a proporção de mulheres aumenta constantemente, embora com velocidades diferentes na RDA e na FRG. Enquanto ele igualdade de gênero na RDA já em meados da década de 1970 quando se tratava de estudar (Geißler 1996: 278), isso durou na República Federal da Alemanha ou na Alemanha reunificada até a transição para o século XXI. O degradação de desigualdades no em geral Acesso para o Estudos entre rapazes e moças levou quase um ano centenas.

Entre o assuntos dá isto tamanho diferenças a respeito de de história desse desenvolvimento, bem como na proporção de mulheres alcançada hoje. tão estudado já na República de Weimar as mulheres acima de tudo medicina e filosofia assuntos cal. No Terceiro Reich, a mencionada diminuição do número de mulheres compartilhar sem chance uniformemente acima todos assuntos distribuído. dado de Contrário- entre crenças ideológicas e interesses econômicosDesde então, a proporção de mulheres em medicina e farmácia aumentou; especialmente no filosófico assuntos assim como o ciências jurídicas afundou ele no entanto (cf. Mertens 1989).

Essa *segregação horizontal* nos campos de estudo das mulheres e homens coloca em si até hoje ausente. Então mentiras por exemplo hoje o proporção de mulheres entre os alunos do primeiro ano da medicina humana e da linguagem e estudos culturais em 66% e 74%, respectivamente, em matemática e ciências naturais em 41% e em engenharia em 22% (por favor consulte Ilustração 1.1). Responsável por esta são não mais formal acesso restrições, mas processos de socialização, ideologias de gênero e cultura profissional estereótipos de gênero assim como específico do trabalho Carreira- oportunidades para as mulheres (cf. Solga/Pfahl 2009).

Entre as disciplinas, no entanto, a proporção de mulheres do Doutorado diminui a cada nível da carreira, ou seja, mulheres em maior proporção como até educado Homens o científico carreira deixar (deve) (ver Figura 1.1). Em comparação com a década de 1990, estamos aqui algumas melhorias a serem observadas, no entanto, é particularmente evidente em as cátedras – especialmente no nível mais alto (o programa C4 ou W3

fessuren) – uma nova queda acentuada na proporção de mulheres em comparação com aqueles com doutorado, cátedra júnior ou habilitação. A comparação de As nomeações para cátedras C4 e W3 (nomeadas desde 2005) indicam mostra uma ligeira tendência ascendente; O mesmo se aplica à comparação do na proporção de cargos de professor júnior e habilitações. Considerando a Mudança geracional e a possibilidade aumentada associada de novas nomeações para cátedras nos últimos dez anos, esta empresa No entanto, a diferença ou aumento pode ser avaliado como relativamente pequeno. depois final de alternância de gerações (ou seja ausente Aproximadamente. 2016) tornar-se – sem ver- igual expansão da faculdade Como Fim o anos 1960 e para começo o *JOSH DOUGLAS*
década de 1970 - significativamente menos cargos de professora foram preenchidos, de modo que as mulheres compartilhar (excluindo "cota" ou outros esforços efetivos de igualdade de oportunidades) então se moverá ainda mais lentamente para cima, se ele estiver sob o Condições de tal escassez de empregos e aumento da concorrência de forma alguma continuará a subir.

Figura 1.1: Porcentagem de mulheres em diferentes estágios de uma pesquisa científicagarantia Carreira, 2009/2010 (em %)

Fonte: estatístico escritório federal (2009a: Aba. 4; 2009b: Aba. 3, 12; 2010: Aba. 7)

A sinopse desses achados mostra que o desproporcional desejo de mulheres nas diferentes transições de uma ciência A carreira chen está presente em todas as disciplinas. Ele encontra não apenas no masculino dominado disciplinas Como o Engenharia ou As ciências naturais ocorrem, mas também nas disciplinas mistas de Ciências sociais, direito e economia e até mesmo no feminino disciplinas dominadas, como linguística e estudos culturais ou medicina humana. Proporções crescentes ou mesmo iguais de mulheres no estudo Assim, graduados e estagiários não trazem automaticamente aumento ou igualdade de oportunidades para as mulheres em outros níveis de carreira acadêmica com ele mesmo. Com o estudo das mulheres, a igualdade na academia mercado de trabalho – e, como veremos (ver os capítulos 3 e 4 deste sem Um livro), no trabalho familiar - não inevitavelmente dado.

"Ligado Vidas" na Ciência

Certamente, a universidade não apenas treina para a ciência, e nem todas as mulheres e homens estudam e fazem doutorado com o objetivo profissional ciência ou cátedra. No entanto, surge a pergunta por que Significativamente menos mulheres do que homens seguem esta carreira ou em permanecer na ciência e (pode) alcançar posições de topo lá. Esta questão surge tanto mais quanto as oportunidades de carreira fora da Ciência não absolutamente um atraente alternativa para Mulheres representar. Pelo contrário, aí também é evidente que as mulheres não utilizam as suas qualificações no mesmo Escopo Como Homens em profissional carreiras e posição de liderança pode implementar (cf. Holst 2009; Holst/Wiemer 2010). E mesmo se supõe-se que algumas mulheres não *querem ambos* - nem um carro trabalho em ciência ou em negócios ou administração - continua assim a questão ainda permanece por que não, quando eles estão na educação (em alguns casos até um doutorado) investiram tanto e por tanto tempo quanto Homens. Este livro aborda essas e outras questões (ver Seção

1.3).

No entanto, para responder a esta pergunta, é importante não apenas que Requisitos e obstáculos no campo profissional o Ciência para respeito,mas também a vida e o contexto doméstico das mulheres. Apenas um incorporação de requisitos de carreira, profissional decisões e Os percursos profissionais no contexto do casal podem ser uma questão de capacidade e vontade bem como as barreiras e condições de realização do Carreiras de mulheres - em comparação com homens - respondidas adequadamente tornar-se (ver secção 1.3).

1.2 Requisitos para as carreiras científicas no embalagem dupla

Como mencionado anteriormente, historicamente as mulheres são relativamente novas Aparência" em universidades alemãs. Mas, embora a proporção de mulheres entre o estudantes forte aumentou é, era e é o Ciência dado de baixo proporção de mulheres sobre cátedras sempre ainda um Instituição, o de homens em forma torna-se e cujo Planos da Carreira tradicional gênero mus sujeito à divisão profissional e privada do trabalho (Genen 1994: 23). Carreiras acadêmicas e seus requisitos em forma de diretrizes mudanças, culturas de trabalho, estruturas de tempo, bem como expectativas de idade e disponibilidade ainda se baseiam – pelo menos implicitamente – no tipo ideal de "biografia normal" masculina (cf. Geenen 1994; Jacobs/Winslow 2004; Cavaleiros/Richards 2003; Segunda-feira 2010). O que é necessário é, portanto, centrado no trabalho Estilo de vida com uma biografia profissional direta e completa. Como de sandra Beaufaÿs (2003: 243) impressionante descrito, torna-se dos cientistas uma devoção indivisa e identificação completa cação com dela Profissão esperado. Como legítimo indicadores por esta, que pessoas este (aparentemente) também *vive* , entre outras coisas tais servem simbolicamente práticas de compreensão, como disponibilidade em tempo integral, horário de trabalho em fim ou o Lidar mais longo e mais inseguro Planos da Carreira (com um renda comparativamente baixa). atendimento e flexibilidade de horário bem como renúncias monetárias ainda são consideradas evidências mais fortes de sic Motivação, Determinação e esforço como um altura Qualidade de trabalho ou alta produtividade, apesar de limitado (disponível) Tempo.

O cumprimento ou. satisfazibilidade esse comum e longo prazo " indicadores de desempenho temporal" afeta diretamente a situação da vida privada e modo de vida de cientistas. O científico cultura profissional obrigatório o inteiro Pessoas e coloca com isso o descarga "através de um trabalho de fundo tácito" (para uso doméstico e possivelmente crianças de cuidado), bem como a irrestrita flexibilidade espacial e temporal age à frente de outra pessoa – principalmente a mulher (cf. Beck-Gernsheim 1983; Moen/Roehling 2005). Isso cria o tempo necessário e espacial espaços livres para o Parceiro, cujo científico Carreira A prioridade é estar fisicamente apto para o trabalho e os requisitos do trabalho e mental em todos os lugares estar disponível para pode.

Esse profissional-privado "Equilíbrio" o divisão de trabalho é para o a para mulheres que desejam seguir carreira científica, em regra não dado e torna-se para o outros também para Homens então parcialmente através questionaram o aumento de parceiras com formação acadêmica. começo de Na década de 1970, apenas um em cada sete graduados (30 a 50 anos) tinha Homem em Alemanha Ocidental um acadêmico educado companheiro (15%); no Em 2004 já era um em cada três (em toda a Alemanha; cf. Rusconi/ Solga 2007). As mulheres com diploma universitário, por outro lado, tinham na época como hoje, cerca de metade deles também tem um parceiro com formação acadêmica. Com a expansão educacional entre 1971 e 2004, a proporção de Parcerias acadêmicas de apenas 1% de todos os casais (da Alemanha Ocidental) para 9% (todo alemão) aumentou (Rusconi/Solga 2007: 312).

Além disso, há outro desenvolvimento interessante e relevante ção sobre o contexto par de acadêmicos. Em 1971, uma em cada três mulheres vivia com eles um grau acadêmico sem um parceiro que os homens estavam com apenas 11% (ou seja, cerca de cada nono). Essa proporção de solteiros ficou com o (30 a 50 anos) mulheres relativamente constantes ao longo do tempo, entre os homens no entanto, subiu para 27%. Ou seja, mesmo para pessoas academicamente educadas homens hoje, quase um terço não é por viver com um Parceiro "amarrado" ou "suportado". Este desenvolvimento pode esteja ciente de que homens altamente qualificados enfrentam dificuldades crescentes ter, um "tradicional" Mulher para encontrar, e ou a aumentou interesse

"Ligado Vidas" na Ciência

começar a se estabelecer profissionalmente antes de encontrar um parceiro haste com um comum Doméstico e possivelmente com crianças digitar.

Casais acadêmicos alemães são frequentemente - e mais freqüentemente do que casais com outros suas constelações educacionais – casais com dupla renda. A razão disso é desde a década de 1990, houve um aumento acentuado na força de trabalho formado Mulheres (ver. Raiva/Konegen-Grenier 2008). Esse cumprimentos também Academia casais de microfone com crianças. Em eles renunciar Mulheres hoje claramente menos comum a um emprego remunerado do que antes. Enquanto em 1971 a cada segundo Aka-casal com pelo menos um filho em idade escolar ou menor de idade só o homem estava empregado, em 1997 isso só se aplicava a todos terceiro casal e em 2004 cada quinto casal (Rusconi/Solga 2007: 319; 2004).

No entanto, isso não significa que os dois parceiros Os casais *que ganham* duas vezes têm uma carreira e, portanto, *duplicam perceber* . Mesmo em 2004, uma em cada cinco pessoas (30 a 50 anos) trabalhava mulher educada academicamente em um trabalho que não requer um diploma universitário (Rusconi/Solga 2007: 318). E assim pode-se afirmar que o Realização de carreiras duplas em parcerias acadêmicas principalmente restrições o profissional

Desenvolvimento o Mulheres falha.

Em o Ciência, existem diferenças semelhantes entre os homens e mulheres em relação ao apoio de um "back-trabalho básico" ou em relação à vida em parceria acadêmica. Enquanto cientistas sobre para o Ausente para o cátedra mais frequentemente como eram homens sem parceira ou em sua maioria com um nível acadêmico homem casado e em um arranjo de dupla renda, se não de dupla carreira gestos vivido tive dela macho Colegas mais frequentemente Mulheres sem Grau acadêmico assim como A- ou "apenas" arranjos de ganhadores duplos. É o que mostra um estudo com professores de universidades alemãs em Mitte década de 2000 que cerca de 90% dos professores em parceria estável vivido mas "apenas" 66% deles colegas do sexo feminino (Sala/Krimmer/Stallmann 2007: 148). Além disso, embora os acordos de dupla *remuneração* para professores sorin Como professores o maioria forma de vida representar, mas enquanto quase todos os sócios dos professores estavam empregados ininterruptamente, afinal era quase um quinto dos sócios dos professores (pelo menos temporariamente) não empregado. Afinal, cerca de um terço dos sócios eram professoras também professor universitário (no o professores eram esse apenas 5% dos sócios), enquanto quase um quarto (23%) dos sócios colegas do sexo masculino foram professores (Krimmer/Zimmer 2003: 29). Isso significa que cientistas homens e mulheres têm diferentes desafios e recursos para a realização de um acadêmico Carreira. Então ouviu por exemplo B. o profissão docente para aqueles profissões, que estão em demanda em todos os lugares (cf. Cooke 2003); isso facilita a procura de emprego no um novo Localização, se o Par por causa de *dele* carreira científica tem que mudar. Uma pesquisa de universidades alemãs de 2000 mostra além disso, que as administrações universitárias se viam em uma posição, em particular, para apoiar a procura de emprego de parceiros de professores recém-nomeados, se esse professor foram (cf. Rusconi/Solga 2002; Solga/Rusconi 2004).

Para as mulheres, uma carreira em ciências é mais frequentemente associada a restrições ao começar uma família. Comparado com a universidade solventes no em geral eram cientistas no Alemão Universidades com muito mais frequência - também permanentemente - sem filhos. durante três um quarto de todas as mulheres (com mais de 43 anos) educadas academicamente tiveram filhos, era apenas metade das mulheres cientistas (Metz-Göckel/Selent/ Schuermann 2010: 20). [1] Além disso, mulheres cientistas tinham menos (e menos) crianças do que seus colegas homens reclassificam Diferença que aumenta com a idade ou nível de carreira. [2] im Em 2006, dois terços dos professores eram do sexo feminino, mas apenas um terço dos professores sem filhos (ver. Metz-Göckel/Selent/Schuermann 2010). [3] No científico edifício central (em o promocional ou fase de pós-doutorado). a esterilidade das mulheres ainda maior (75%) - no entanto tendo em conta a menor idade, é provável que aqui tenham nascido algumas crianças. Também aqui mais homens do que mulheres já têm filhos, mesmo que o diferença entre homens e mulheres nesta fase da carreira é menor do que no o professores. no entanto ter também Homens em esse Passagens de status muitas vezes sem filhos (ainda) (71%). Esta alta falta de filhos habilidade entre os homens e, acima de tudo, entre as mulheres nas universidades alemãs os autores do estudo sobre os requisitos especiais e condições no (Alemão) sistema de ciência retornar, o através percursos de qualificação longos e contratos de trabalho predominantemente a termo metade o cátedra marcado são. Pergunte também ela desde Fim o década de 1990 uma deterioração - uma "precarização crescente" - o condições Gerais para científico carreiras e com isso aumentar

1   Os números referem-se a Baden-Württemberg, Berlim, Brandemburgo, Baixa Saxônia, Renânia do Norte-Vestfália, Renânia-Palatinado, Saxônia e Turíngia, que juntos perfazem cerca de 60% do corpo científico das universidades alemãs (Metz-Göckel/Selent/ Schuermann 2010:18).

2   No caso dos cientistas de 21 a 29 anos, essa diferença de gênero foi apenas um ponto percentual, em comparação com sete pontos percentuais entre pessoas de 43 a 53 anos (Metz- Goeckel/Selent/Schuermann 2010: 20).

3   No estudo de Zimmer, Krimmer e Stallmann (2007: 147f.) "apenas" um quinto da professores, mas metade das professoras não tem filhos. Neste último houve um notável diferença Leste-Oeste: Embora quase todos (embora muito poucos) pro- as professoras doutoradas na RDA tinham filhos (94%), o que se aplicava a menos da metade de seus colegas da Alemanha Ocidental (43%). Veja as explicações para isso Autores numa lógica de carreira diferente para as carreiras universitárias na RDA, que Seguiu-se o princípio da "trilha da estabilidade", numa oferta de cuidados infantis bem desenvolvida bem como em uma menor atratividade da ciência como profissão (Zimmer/Krimmer/ cavalariço 2007: 151s.).

"Ligado Vidas" na Ciência

acabar com as vulnerabilidades, aquele que inicia um confinamento familiar (can), inamovivelmente (Metz-Göckel/Selent/Schürmann 2010: 14). Esta afirmação é posteriormente reforçada de que não há nenhuma prova de que o desejo de ter filhos está crescendo em mulheres qualificadas varia de mulheres diferentes; na verdade, a maioria deles também precisa de dois filhos (consulte a Parte 3 deste livro e Esping-Andersen 2009: 28).

Não obstante os designs de tempo de funcionamento e as vulnerabilidades monetárias da ciência, também são os cursos de ação de orientação de associações dez de pesquisadores, uma variável não menos importante para isso, se e quando as crianças concebidas se tornarem. As crianças não são problema para os pesquisadores do sexo masculino "por mais tempo que estejam em uma proporção de orientação habitual em sua divisão confidencial de trabalho" (Metz-Göckel/Selent/Schürmann 2010: 10) - e inegavelmente com mais frequência do que as mulheres às quais podem retornar fen. Por exemplo, Zimmer, Krimmer e Stallmann (2007: 154) mostram que professores do sexo masculino, apenas em casos individuais, têm a obrigação primária em relação à consideração de seus alunos pré-jovens (2%) e apenas uma minoria em orientação externa (privada ou pública). ofertas voltadas para tem (7%) Em dois terços tornou-se o Crianças
– "tradicional" – cuidada principalmente pelo companheiro. no professor sem surpresa, a imagem era muito diferente. Eles também usaram 40% de atendimentos privados ou públicos; quase um quinto cuidado seus filhos principalmente eles mesmos, e pelo menos outro quinto a responsabilidade pelos cuidados com os filhos era compartilhada com o companheiro. Este último é um primeiro indicador de que homens educados academicamente ners estão sendo cada vez mais solicitados a cuidar de seus filhos ou querem ser levados, de modo que eles também têm maiores dificuldades (tornar-se), a reivindicação abrangente de homens científicos padronizados mais Para poder (ou querer).

1.3 "Vidas Vinculadas" – Marco Analítico e perguntas do livro

Em resumo, esses desenvolvimentos históricos e empíricos fato de que cada décimo casal na Alemanha é um casal acadêmico é - uma tendência que continua com o ensino superior de homens e mulheres aumentará (cf. Blossfeld/Timm 2003; Skopek/Schulz/Blossfeld 2009). Pode-se observar também que em muitas dessas parcerias as mulheres estão empregados com mais frequência e os arranjos de um único trabalhador estão diminuindo, embora ela também ainda sempre não marginal são. Finalmente é para contras afirmam que, apesar dos investimentos consideráveis em treinamento por parte de ambos os parceiros, *pelcareerarrangements* não são uma questão de curso.

Em vista dessas descobertas e desenvolvimentos de pesquisas, o A tese central deste livro é que a sub-representação das mulheres no posições de liderança na ciência também é causada pelo fato de que Mulheres o caminho para a cátedra em conexão com a carreira profissional de seu parceiro, ou seja, como uma *dupla carreira* , deve ter sucesso (já que os homens, por um lado provavelmente não vão desistir de suas carreiras e por outro lado um papel escambo e, portanto, a discriminação contra os homens não é desejável resultado em termos de igualdade). Ciente do fato que a grande maioria das mulheres e homens em um parceiro comunidade, renunciando a uma parceria para uma carreira, se isso em tudo é benéfico, não objetivo desejado ser.

No entanto, as carreiras duplas estão sujeitas a desafios específicos: por um lado a coordenação espaço-temporal de dois - na ciência haste majoritariamente longo prazo mais inseguro – carreiras e por outro lado o reivindicações a serem cumpridas ao mesmo tempo em relação ao parceiro e, se aplicável, pai haste. Estes desafios profissionais e privados recíprocos podem o oportunidades de desenvolvimento profissional parceiros principalmente o Mulher – limitar ou impedi-los completamente. Daí as oportunidades de carreira de (parceria vinculado) Mulheres em principalmente para a ciência as chances de realização Carreiras duplas ligadas.

Ao contrário de outros estudos, que ou apenas olham para profissionais desenvolvimento das mulheres (com e sem filhos) em relação aos homens ou o Mercado de trabalho- e estruturas organizacionais mais profissional carreiras portanto, incluímos sistematicamente o *nível do casal* em nosso com um. Para isso não basta apenas identificar as características individuais tempos dos dois parceiros a serem levados em conta. Ao contrário, o entrelaçamento o desenvolvimento profissional de ambos os parceiros e a divisão familiar do trabalho desenvolvimento para prestar atenção especial à sua dinâmica (cf. Moen 2003). Esses arranjos de entrelaçamento e coordenação são o resultado e, ao mesmo tempo, fatores centrais de influência sobre como os casais lidam com o social, quadro cultural e institucional em sua vida profissional e lidar com as decisões familiares. Mesmo que as condições externas são desvantajosas para as mulheres – com ou sem parceria – assim como eles não são de modo algum determinísticos. Para mulheres em parcerias, isso significa que suas oportunidades de carreira são limitadas por arranjos internos de casal e gênero atribuições terrole em deles Efeito amplificado ou ser reduzido pode. Quais arranjos intra-par existem em termos de entrelaçamento duas carreiras profissionais e parceria com cientistas em diferentes fases da carreira e que influência têm a curto e longo prazo sobre as oportunidades de carreira das mulheres na ciência é assunto do livro.

"Ligado Vidas" na Ciência

Ao examinar esta tese ou as condições para a sua realização de carreiras duplas de casais educados academicamente, assumimos uma modelo de três níveis, no qual os fatores de carreira são baseados no indivíduo, nível externo e interno do casal, o desenvolvimento profissional possibilidades o ambos parceiro influência (ver. Rusconi/Solga 2008; 2010). Constelações de carreira e arranjos de casamento de casais são através esse recíproca interação o três níveis no entanto de forma alguma estável (consulte o Capítulo 2 deste livro). Eles estão sujeitos a essas dinâmicas. Estes resultam da mudança de requisitos externos (devido a mudanças no mercado de trabalho e organizações de carreiras dentro e fora da ciência), através de Transições de um ou ambos os parceiros, também através do nascimento de filhos em última análise, pelo rescisão e O novo começo de parcerias.

Sobre o *nível individual* influência processos o profissional segregação as oportunidades de carreira de mulheres e homens - também completamente independente seu envolvimento em uma parceria (cf. também Krimmer/Zimmer 2003). Conforme brevemente descrito na Seção 1.1, jovens ge mulheres e homens em seus assuntos. Como costuma acontecer na literatura está ocupado, combinam com essa segregação horizontal do mundo acadêmico oportunidades de carreira desiguais no mercado de trabalho (processos de segregação vertical) em termos de remuneração, padrões de carreira e oportunidades de progresso (cf. por exemplo, Allmendinger/Podsiadlowski 2001; Anger/Konegen-Grenier 2008; Inglaterra 2005). O acesso das mulheres a cargos de chefia é também - independentemente da área de estudo - através de práticas discriminatórias ken pelos empregadores, por exemplo, B. por processos de estatísticas Discriminação, através da qual se generalizou em mulheres de baixa maior produtividade é assumida (cf. Inglaterra 2005; Konrad/Cannings 1997; Reskin/Padavic 1994). O Consequência são menor oportunidades para Mulheres no recrutamento para ou promoção a cargos de liderança.

Esses processos de segregação horizontal e vertical são intensificaram-se mais dois processos de segregação: informal e contratual diferenças no emprego de homens e mulheres. Mostrar assim Estudos de que as redes profissionais são segregadas por gênero e alto qualificado Mulheres menos em o "Alto relacionamentos de confiança profissional redes incluído são (ver. Allmendinger etc al. 1999; Nosen/Oppen/Simon 1999; Wimbauer 1999). As mulheres não só carecem de formações acima o requisitos de carreira e -critério o majoritariamente comissões de seleção masculina para preenchimento de cargos científicos posições econômicas; eles não apenas têm menos chances disso uma "reputação" que os conhece em processos de recrutamento dá-lhes uma percepção mung deles Serviços e ganhos de reputação oferecido. Ela ter ao mesmo tempo menos oportunidade de gerar confiança, que no entanto um essencial Condição prévia para cooperações ou um profissional (carregando) promoção é. Além disso, as oportunidades de desenvolvimento profissional As mulheres são afetadas por condições contratuais de trabalho frequentemente mais precárias. Eles costumam fazer seus doutorados com bolsas de estudo; eles raramente têm um emprego em tempo integral le (mesmo se você desejar); seus contratos de trabalho são mais frequentes e com termos mais curtos do que os homens (cf. Metz-Göckel/Selent/ Schuermann 2010; Zimmer/Krimmer/Stallmann 2007). Também esse restringe sua integração profissional e oportunidades de desenvolvimento profissional (cf. por exemplo Gash/Mcginnity 2007; Webber/Williams 2008).

Esses processos de segregação profissional levam – inicialmente de forma independente de as mulheres viverem em união de facto ou não - demasiado desigual Mercado de trabalho- e oportunidades de carreira de Mulheres e homens. no entanto eles precisam para os relacionamentos internos do casal e arranjos entrelaçados de forma alguma permanecem inalterados por dois empregos. Porque estes diferentes perspectivas de carreira e posições no mercado de trabalho dez para relacionamentos de casais (heterossexuais) que oportunidades de carreira no Casal são distribuídos de forma desigual e as decisões do casal a favor ou contra o afetar a carreira de um ou outro.

No *nível do casal externo,* as oportunidades profissionais das mulheres e homens influenciados por estar em uma parceria viver, deslocar-se no mercado de trabalho como parceiro (e possivelmente pais). O Liberdade de design e ação para homens e mulheres no parceiro parcerias em que ambos os parceiros (querem) seguir uma carreira devido aos requisitos profissionais temporais e espaciais, muitas vezes conflitantes lutas dos dois parceiros, bem como exigências familiares (cf. Rapoport/Rapoport 1969; sunrt 2005).

A mobilidade espacial relacionada ao trabalho fornece oportunidades acadêmicas Os casais representam um desafio central (cf. Hess/Rusconi/Solga 2011a; Soneto 2005). Os acadêmicos se mudam com mais frequência do que a média e vida mais frequentemente em multilocal formas de vida (diariamente e fim de semana arranjos de deslocamento e moradia separados) por causa da mobilidade espacial um elemento essencial do desenvolvimento profissional das pessoas com um grau académico (cf. Becker et al. 2011; Büchel/Frick/Witte 2002; cortador e outros 2008). Resultado em si requisitos de mobilidade sobre- por causa de duas carreiras, estas muitas vezes estão em conflito com a estabilização necessidades familiares. É então principalmente a mulher que olha para ela Carreira perdida - especialmente quando há filhos (Veja abaixo). E assim mostra que as mulheres em parcerias e principalmente especialmente naqueles com filhos que são menos móveis do que pessoas solteiras ou mover junto com seu parceiro com mais frequência (cf. Becker et al. 2011; Schneider et al. 2008).

Uma estratégia utilizada pelos casais para lidar com a mobilidade é, portanto, sobretudo procurar empregos em regiões onde os dois parceiros tenham boas condições de mercado de trabalho ção promessa (ver. Costa/Kahn 2000; Moen/Wethington 1992). Sobre isso

"Ligado Vidas" na Ciência

Além disso, os empregadores (ensino superior le), como compartilhamento de trabalho, dupla contratação ou suporte com o procura de emprego fora de o Universidade, fora de esse Chão cada vez mais relevante

– especialmente em locais universitários "isolados". Mesmo se um emprego no mesmo local pode ser vantajoso para a parceria e família pode, isso não necessariamente tem que ser o caso de perspectivas de carreira dos dois parceiros seja o caso. Possivelmente as oportunidades profissionais cen um ou ambos os parceiros melhor em outro lugar, então o compromisso em um lugar para vida e para trabalhar, para profissional restrições para conduzir um ou ambos os parceiros e, assim, a realização de um longo prazo dupla carreira pode comprometer (cf. Rusconi 2002).

As ofertas de acolhimento de crianças também desempenham um papel no nível externo do casal um papel importante. Depende muito de se e em que Escopo Casais com filhos podem exteriorizar as necessidades de cuidado (ver nível intra-par abaixo). Particularmente na Alemanha, o línguas por esta muito insuficiente, lá escolas diurnas em o Escola primária ainda não são a norma, jardins de infância durante todo o dia (até às 17h00) em muitos ainda representam uma exceção localmente e para a expansão estatutária do creche oferecem apenas um alvo de aprox. 35% das crianças de um a três anos é fornecido. Há, portanto, uma falta de creches públicas exigido em geral (cf. Plantenga et al. 2008) e especialmente em chén que com horário de trabalho flexível e em tempo integral de dois exigentes atividades profissionais compatível são. Além disso é aplicável normativo sempre ainda o puericultura como responsabilidade das mães, como o claro desequilíbrio dos meses sócios planejados, que chamados meses dos pais, uma vez que se considera suficiente que o o segundo progenitor só goza de licença parental de dois meses (cf. Henninger/Wimbauer/Dombrowski 2008 assim como também Esping-Andersen 2009; Morgan/Zippel 2003).

Com estas condições Gerais tornar-se o Casais - acima de tudo o Mulheres – pausas na carreira ou reduções de horário de trabalho para o compatibilidade de Profissão e Família sugerido. A tal Compatível- No entanto, o modelo de conhecimento contraria a lógica da carreira científica sociedade e o setor privado que esperam biografias de emprego contínuas dez e freqüentemente também normas de idade para o seqüência de etapas da carreira assim como o Acesso para posições incluir. [4] Mas o Escolha entre Interrupções de carreira ou redução do tempo de trabalho parecem ser uma escolha entre equivalente à cólera e à peste. Uma pausa na carreira fortalece, por exemplo, B. a suposição de déficits de motivação e fortalecido quando afeta mulheres, estereótipos de gênero; aumenta o risco de exclusão ses fora de profissional redes ou o reprovação "obsoleto conhecimento"

4 a Papel atos isto em si incluído em volta por lei fixo normas, Como por exemplo B. o limite de idade no o posse.
(ver acima: nível individual). Uma redução significativa no tempo de trabalho (por exemplo, para 50%) pode não ser uma boa alternativa por vários motivos. visível o oportunidades de carreira representar. Por um lado contradiz tempo parcial o ideal de tempo integral das carreiras científicas e também pode ser usado como déficit de motivação são interpretados. Mesmo os frequentemente encontrados contratuais chen cargos de meio período enquanto o promoção a respeito de apenas o Pagar,mas não o tempo de trabalho esperado. cátedras de meio período razões familiares também são escassas. Tempo parcial existente os cargos de professor são principalmente devidos a empregos de meio período (remunerados) dez, para que a "vontade de trabalhar" dos proprietários não seja posta em causa torna-se. Para o outros torna-se tempo parcial em o fase de qualificação multado, então para o crédito dos anos de acordo com a regra de doze anos universidades schen é o tempo de trabalho contratual (ou seja, quantas horas sendo trabalhado) irrelevante. Ao mesmo tempo, porém, a disposição torna-se a mesma Conquistas de qualificação no mesmo período - embora possivelmente diferentes jornada de trabalho – esperado.

Defina os fatores de influência do nível individual e do casal-externo as condições de enquadramento em que mulheres e homens no meio académico conjugar os seus – comuns ou individuais – familiares e profissionais Tomar decisões. O chamado tratamento desigual das mulheres e homens sobre mercados de trabalho, o freqüentemente contraditório temporal exigências espaciais das carreiras científicas, bem como as Nell e organizacional Condições de Trabalhar ou. Ciência e a família impõem restrições ao escopo da criatividade pares, mas de forma alguma significam necessariamente que as mulheres com educação mista nesses casais abandonam suas carreiras profissionais dez deve. Como o respectivamente existir liberdade de design usado torna-se,

ou seja, como os casais lidam com essas demandas e conflitos também é dependendo dos papéis de gênero dos dois parceiros,

o respectiva interpretação das condições externas pelos dois parceiros bem como a interdependência e coordenação associadas e praticadas arranjos do casal.

A este respeito, com o *nível de casal interno, também existem* intraparcerias Processos de negociação e estratégias de coordenação relacionadas com o trabalho – Carreira – Família em A fatura para lugar. Em eles tornar-se o sobre o ambos condições criadas em outros níveis e assim processadas a potência desses fatores em permitir ou carregando ou. prevenção de dupla carreira co-determinado. Fora de o presente- o Pesquisar permitir em si a respeito disso essencialmente três entrelaçando desenvolvimento de carreiras profissionais em parcerias que o interpretações internas do casal e relações de poder da carreira externa As oportunidades refletem: a) hierárquica, b) individualista e c) igualitáriamodos de entrelaçamento.

"Ligado Vidas" na Ciência

Com *interdependências hierárquicas,* um parceiro se torna – principalmente o homem - atribuído o papel profissional primário, e a outra companheira - principalmente a mulher – sustenta sua carreira sendo responsável pela assuntos privados. Se ambos os parceiros são empregados, há uma definição ção de uma ocupação "líder" e uma "seguidora", o trabalho requisitos em termos de horário de trabalho e mobilidade/estabilidade espacial Requisitos o principal Carreira subordinar tornar-se. O é chamado, decisões profissionais de atividades profissionais subordinadas são feitas para o ângulo de visão o Carreira de outros parceiros assim como de vivendo juntos em o mesmo lugar (cf. por exemplo, Becker/Moen 1999).

Com *formas individualistas de entrelaçamento,* ambos os parceiros buscam porque independentemente suas carreiras profissionais. A parceria, ou seja, o tempo juntos e possivelmente morando em um só lugar, aí vem um papel secundário também. Relacionamentos de longa distância ou deslocamento representam um possível aqui (embora não necessariamente desejada) estratégia de coordenação para olhar para as oportunidades de carreira para ambos os parceiros. Com o nascimento de Arranjos de coordenação individualista não só aparecem vacilar por causa dessa distância local. Par-externo como -interno vêm com paternidade, expectativas de papéis específicos de gênero de volta ao Superfície. Cabe então aos dois parceiros decidir se eles atendem às expectativas ou se estão procurando por creches externas ou compartilhadas procurando oportunidades. A pesquisa aqui mostra que o pensamento temporário Concessões (principalmente por parte das mulheres) nesta circunstância são gigantescas, traduzindo a aposta de resultados vocacionais negativos a longo prazo. isso vem provocando uma "renovação" das práticas habituais de atribuições de trabalho de orientação também no círculo profissional, então, nesse ponto, no prolongamento, torna-se um exemplo progressivo de divisão intrafamiliar do trabalho entre trabalho e família perdido (cf. Demand/Ernst 2002; Schulz/Blossfeld 2006). Senhoras que precisam manter um modelo individualista de confiança concebivelmente para crianças ou atrasar o desejo de ter filhos até que seus objetivos profissionais satisfaçam ou não estejam mais em perigo, consulte (gentilmente mencione o segmento 1.2 e as seções 3 e 4 deste livro).

Obviamente, mais incomum, pois os métodos individualistas de associação o fornecem, independentemente dos planos de coordenação tary nas organizações. Considerando as circunstâncias, eles abrigam o perigo de que os dois cúmplices para viver respectivamente (no sentimento de configuração geral compartilhada) façam fatias e dividam a diferença quanto às suas próprias vocações (ver. Bathmann/Müller/Cornelissen 2011; Becker/Moen 1999; Behnke/Meuser 2005). Para o reconhecimento prolongado de uma comparabilidade de vocação, organização e vida concebível como pai, portanto, deve ser confinado se essencial. das vocações dos dois cúmplices são reconhecidas ou podem corresponder provavelmente para a família em algum momento se esgotar.

Questões e estrutura do livro

O interesse pelo ensino superior e pela política científica em carreiras duplas é aumentou significativamente - e muito está sendo feito para isso. assim como por exemplo um crescente número alemão universidades *dupla carreira Escritórios* criados (cf. por exemplo, Gramespacher/Funk/Rothhäusler 2010). Além disso, mentir resultados da pesquisa para casais de dupla carreira fora de o numerosos (também alemães) que foram criados nos últimos dez anos. Assim, para um ou outro neste ponto, talvez o Faça a pergunta: Por que este livro? Já não sabemos tudo? O simples A resposta é: precisamos deste livro porque não sabemos tudo de longe. Existem inúmeras lacunas de pesquisa, que não abordaremos neste livro pode fechar. Iremos, por isso, centrar-nos em alguns, embora muito (deve) limitar as perguntas abertas. [5]

Desconhecidos em vista da relação de tensão acima mencionada de desafios e diferentes fatores de influência em relação sobre científico carreiras em parcerias (acadêmicas) (a) o *Dinâmica dos arranjos de interdependência* em relação ao emprego (ganhos individuais vs. duplos) em cientistas homens e mulheres e (b) qual papel na carreira muda ou o nascimento de Crianças brincam. As seguintes questões abertas estão relacionadas a isso: São duplas arranjos de ganhos mais fáceis em fases anteriores da biografia profissional realizar do que nos posteriores, pois por um lado os desafios espaço-temporais requisitos no Histórico ganhar peso e por outro lado o Famílias-Muitas vezes, a fundação só ocorre após o estabelecimento profissional? quão importante ting é o padrão de entrelaçamento dos dois parceiros antes do primeiro Ter praticado como o arranjo após o nascimento da criança criança visual? E finalmente: Permitir em si diferenças em entrelaçando padrões de desenvolvimento e sua dinâmica entre nascimentos mais jovens e mais velhos safras e, em caso afirmativo, elas levam a uma maior igualdade entre macho e fêmea cientistas? Este central questões O capítulo 2 deste livro é dedicado a isso.

Para a ligação entre filho e carreira tudo parece igual ser dito ou pesquisado. Mas o seguinte ainda está sem resposta Questões: Que influência *têm as estratégias de cuidado desenvolvidas no casal? kimono e praticado arranjos de cuidados para dela Crianças* sobre o conhecimento- carreira acadêmica das mulheres? Que processos de negociação entre o ambos parceiros deitar o respectivamente praticado padrões de cuidados realmente perecer? E as oportunidades de carreira – como muitos supõem – muito melhor se o nascimento do primeiro filho for adiado é, ou os arranjos internos de cuidado do casal estão mais relacionados com (externo) serviços de cuidados através Terceiro crucial? Esse

---

5   para avançar aspectos por favor consulte Hess/Rusconi (2010); Hess/Rusconi/Solga (2011a, b).

"Ligado Vidas" na ciência

As perguntas são respondidas no Capítulo 3. Atenção especial será assim – com uma comparação, por um lado, de mulheres cientistas com e sem filhos e por outro lado por mães com e sem carreira – o abrangente Perguntar dado, em qual caso Crianças não para um "intervalo de carreira", mas para uma continuação da carreira científica re de mulheres (pode) liderar.

Em o Pesquisar torna-se além disso sempre ainda por essa saiu, que as mulheres são menos orientadas para a carreira ou seu sucesso profissional nela veja que trabalho e família podem ser facilmente conciliados. Restos não solicitados mas por que as mulheres podem ter uma *definição diferente de carreira e sucesso* como homens. Que papel o indivíduo e os feitos em pares desempenham Processamento de condições de enquadramento externo (ver nível individual e nível externo de correspondência acima) para a direção profissional de pesquisadores não? Esta é a investigação central que os criadores buscam na Parte 4. Ao fazê-lo, eles analisam quais foram as direções históricas para as separações de mulheres pesquisadoras no campo da pressão da ciência e da direção da atividade familiar. Quais desserviços vocacionais de mulheres na ciência são esperados por mulheres e seus cúmplices, e como você abordaria a organização de sua profissão e vida em equipe? Para responder a essas perguntas, esta seção apenas pesquisadores femininos eficazes, por exemplo, as pessoas que, na hora do Entre os olhos têm uma vocação (ver Segmento 1.5), contrastaram semelhanças entre si, mas também a mudança interna de profissões "eficazes" direções à luz de dois ou três grupos de estrelas e encontra qualidade para ter a opção de mostrar as condições externas da estrutura.

Por fim, surge a indagação: Quão significativos são os exemplos de longo prazo e de senso comum de associação de estágios anteriores - que são geridos na Seção 2 - para as oportunidades posteriores de vocação e dupla profissão dos trabalhadores da informação? O progresso na ciência realmente requer uma história cuidadosa de especialistas normais à la típicas memórias masculinas? As sub refrações serão, na maioria das vezes, multadas? Torne-se versátil ou planos de jogo privados multilocais compensados? Abordando essas questões, a Parte 5 aborda a justificativa para a questão central: é a "masculinização" da vida feminina? /Roehling 2005) individual Duas ou três técnicas que também oferecem portas abertas para vocações femininas no eixo da ciência e profissões duplas em par aberto?

A resposta a essas perguntas deve, eventualmente,

contribuir para descobrir quais circunstâncias úteis ou "condições de realização" das profissões científicas normais de mulheres - e as vocações duplas relacionadas - são e em que medida os fatores que muitas vezes consideramos particularmente importantes talvez não são tão importantes.

1.4 Vidas vinculadas por quem? - Base de dados delivro

O livro é baseado em um banco de dados exclusivo que consiste em dados quantitativos cinco entrevistas qualitativas que foram coletadas como parte do projeto o. Por responder às nossas perguntas de pesquisa e fechar o lacunas de pesquisa mencionadas acima, é necessário, por um lado, ter cientistas vivendo em um contexto de casal, e por outro lado, ter informações sobre ambos os parceiros, o que o parceiros respectivamente auto dado tornar-se. Direto Informação para o Curso de vida dos parceiros antes da parceria, bem como avaliações subjetivas línguas a respeito de divisão de trabalho ou ambições de carreira pode não fora de
ser dado "em terceira mão". Tal conjunto de dados existia anteriormente no República Federal não.

Há agora uma série de estudos qualitativos sobre dupla carreiras de peles ou. para o Entrelaçamento de carreiras profissionais em parcerias (cf. por exemplo, Behnke/Meuser 2005; Dettmer/Hoff 2005; Hirseland/Herma/ Schneider 2005; Wimbauer 2010). No entanto, seu significado é devido ao número muito pequeno de casos e à natureza muito específica de cada caso amostras limitadas. Os dados representativos da população existentes sentenças também não são suficientes para examinar dupla carreira amigo. Embora o microcenso ofereça um número muito grande de casos (também em Aka- casais dêmicos), isto dá no entanto por muito pouco Informação para o identificação de Carreiras duplas ou local de trabalho de ambos os parceiros. através de sua transversal design de corte, constelações de aquisição em parcerias também são apenas como fenômeno pontual detectável. Processo de negociação intra-parceria processos e situações de tomada de decisão não podem ser reconstruídos. Para o Investigação de parcerias acadêmicas é o contagem de casos em o estudos longitudinais representativos existentes, ou seja, na área socioeconômica schen Panel (SOEP) do Instituto Alemão de Pesquisa Econômica ou em os Estudos Alemães do Curso de Vida do Instituto Max Planck de Educação pesquisa, muito pouco. Além disso, eles normalmente o fariam se o número de casos fosse maior não ajuda, porque, por exemplo, B. Arranjos de habitação dos dois parceiros em não são coletados em conexão com as duas biografias profissionais ou tornou-se. No entanto, este último em particular pode ser considerado um componente central da parceria arranjos de entrelaçamento não desconsiderado permitido (veja o Capítulo 5 deste livro). Além disso, a média conduzindo entrevistas qualitativas independentes com cientistas seus parceiros - vinculados a um número maior de casos - não é possível estive.

"Ligado Vidas" na ciência
design de amostra e contente o quantitativo enquete

Mas coletar seus próprios dados é mais fácil falar do que fazer. Porque não há registro para cientistas - e certamente não não um, em para o o status de parceria registrado eram –, sobre cujoCom base nisso, uma amostragem teria sido possível. No projeto escolhemos, portanto, o seguinte caminho: o instituto de pesquisa Infas Bonn tem no semestre de verão 2008 um pesquisar o diretórios de funcionários sobre os sites de 18 universidades selecionadas (nas grandes cidades e cidades médias com grandes universidades). para um grande número de departamentos de ciências sociais, técnicas e naturais (sem remédios) uma lista de pessoas e (na medida do possível primeiro) classificação de acordo com os níveis de carreira. Nesta base seguido um sorteio aleatório dentro de o depois

Gênero, nível de carreira, disciplina e regional contexto células definidas (ver tabela 1.1).

No semestre de inverno 2008/09, um padronizado Telefone Entrevista de Curso de Vida (CATI) de infa realizado em Bona. Apenas funcionários científicos foram questionados de universidades que estão em parceria permanente há pelo menos dois anos haste vivido e cujo Parceiros (para o hora da entrevista) tambéma tinha diploma universitário.

Nas entrevistas por telefone, informações detalhadas sobre todos os alunos foram escolaridade e diplomas universitários e para o período desde o primeiro diploma universitário coletado até a hora da reunião e dados exatos mês a mês sobre movimentos de todos os tipos da história de vida profissional (incluindo interferências devido à criação de crianças, desemprego ou outros exercícios dez) e todas as associações e crianças (lembrando dados para cuidar de crianças até a 6ª idade). Além disso, a cada episódio, esse especialista conta o transcendente pagamento privado e lucrativo e obtém algumas informações sobre o plano de jogo de compartilhamento de trabalho do casal; outras sutilezas condições do sistema focal e escolha de grupos de estrelas.

Numerosos esses dados não podem ou não são sólidos (sem

processos de "legitimação") revisão, ou seja, no conhecimento do passado, levantado tornar-se. Portanto, os pesquisadores foram revisados em quatro níveis de profissão, tão "próximos" quanto concebíveis para as circunstâncias de escolha separadas a serem:

1. representantes não graduados (estudantes de doutorado);

2. doutorado, cujo avanço mais extremo três anos ficou para trás

3. doutorado, cuja progressão ficou para trás em mais de três anos e professores juniores;

4. Professores (C3/C4 e W2/W3).

Uma vez que os dados sobre a associação e sobre o nível profissional não são geralmente atualizados ou obviamente em sites abertos, tornou-se em um curto teste inicial garante que o indivíduo atenda às medidas de exame (representante lógico dessas faculdades, por pelo menos dois anos em uma organização com alguém que também é cúmplice de ensino escolar vivo e qualificação em um dos quatro níveis profissionais). além disso, foi capaz de dar um número de telefone de contato para seu parceiro teln (uma vez que a entrevista com o parceiro também foi importante para o estudo, ver acima). Nesse caso, uma entrevista (completa) foi realizada. Após a conclusão da entrevista, o parceiro para o cargo permanente entrevista padronizada com o parceiro e as pessoas-alvo para uma avaliação qualitativa objetivos Entrevista selecionada (veja abaixo).

Tabela 1.1: Realizou entrevistas com cientistas e seus Sócios por nível de carreira, gênero e disciplina(número absoluto)

M = Homens, f = Mulheres
Fonte: registro "Junto Carreira fazer"; ter cálculos

Para cada um dos quatro níveis de carreira foram para homens e mulheres e os três Grupos de disciplinas cada 30 ou para professores 35 padrão ted entrevistas destinado a (no total 750 entrevistas). Além disso deve 500 entrevistas padronizadas são realizadas com seus parceiros. percebeu tornou-se em última análise 767 entrevistas com cientistas e 552 com seus parceiros. No entanto, nem todos os grupos puderam número alvo de casos pode ser alcançado (ver Tabela 1.1). Isso se aplica em particular especialmente o grupo de professoras de ciências técnicas (no aqueles o universo já extremo pequeno é) assim como o grupo o

"Ligado Vidas" na Ciência

Cientistas cujo doutorado não durou mais de três anos. durar poderia em grande parte com entrevistas do doutorado, seu doutorado mais de três anos atrás, para ser compensado.

O local de trabalho e o emprego ou não emprego do Parceiros o questionado cientistas tive não em o estar na faculdade ou na academia. Isso significa que muito diferentes as constelações são comparadas: ambos parceiros na ciência (casais cientificamente homogêneos); um parceiro dentro e outro fora da ciência senschaft empregados (casais heterogêneos ocupacionais); um parceiro na ciência sociedade e o outro parceiro não empregado (casais monoempregados no Ciência). Não são levados em conta em nossas análises - se em si sobre o Obtenha o horário da entrevista – então "apenas" ganhador duplo e casais solteiros fora da academia, bem como casais em que ambos parceiro não empregado são. Alles esse constelações pode no entanto, para o período *antes* da entrevista também no caso do dez aparecem em pares e com ele levado em consideração tornar-se.

O mesmo se aplica ao critério de seleção "Viver em união de facto". Na época da entrevista, os cientistas que entrevistamos tinham uma parceria por pelo menos dois anos. No entanto, isso não conclui fora de, que ela em o vezes antes intermitentemente nenhum parceiro tive. No Dados- Os únicos dados não incluídos são aqueles que no momento da entrevista ou não teve companheiro temporariamente ou (até o momento da entrevista) nunca viveu em união de fato. É difícil dizer quão grande é essa proporção estimativa, porque não há banco de dados confiável para calcular isso (Veja acima). No entanto, dada a proliferação de parcerias Também pode ser assumido para graduados universitários que com esta referência amostra a mais substancial Parte o no faculdades trabalhando Conhecimento- schaftler e o maioria o lá fazer cientistas gravado tornar-se (ver seção 1.2).

O padronizado Entrevistas do Curso de Vida tornou-se para o Capítulo de livro em mais diverso Caminho descritivo e multivariado avaliado. Incluído permitir em si dois importante estratégias de avaliação diferenciar:

(a) *histórico* avaliações para o Individual Histórico o Cientistas ou nos arranjos de entrelaçamento do casal (ex. realizados como gráficos de distribuição do respectivo indivíduo ou em pares Status de carreira durante um determinado período de tempo e avaliações usando análises de sequência e regressão) e (b) avaliações *relacionadas a eventos* (por exemplo, até um doutorado ou uma das próximas etapas da carreira no Fase de pós-doutorado – ver Seção 1.5 - também, quando da introdução de jovens).

Nas avaliações elucidativas - na hipótese de não serem peixes sujeitos-explícitos - foi considerado por meio de uma ponderação comparativa que diferentes números de casos para os três grupos de disciplinas presentes. Bezo gen z. B. no exemplo geral estão entre as senhoras das disciplinas lógicas de ciências inerentes com 139 reuniões um número maior de reuniões do que das sociologias (128) e ciências especializadas (96) chern. Entre os homens, há uma pequena parcela de sociologias schaftler (140) em contraste com os pesquisadores especializados e regulares (134 e 130). Contrastes comparáveis existem adicionalmente quando são avaliadas reuniões vocacionais individuais ou apenas aqueles casos em que as reuniões dos parceiros são acessíveis. Dadas as diferentes lógicas de carreira nestes três grupos de assuntos (cf. Hess/Rusconi/Solga 2011a), uma utilização não ponderada da informação em análises inconfundíveis leva às razões das disciplinas que são abordadas com números de casos mais elevados através de sucesso e neste maneira a generalização seria restrita. Nos testes envolventes, vá para as instâncias individuais dos três grupos de disciplinas, portanto, com um peso alternativo, o que garante que nenhum grupo esteja acima do peso ou que cada um dos três grupos contribua da mesma forma para o resultado. Nos exames multivariados, esse número inconsistente de casos avaliando os coeficientes de comparação propriamente ditos.

Projeto e contente o qualitativo enquete

A segunda parte do projeto foi uma pesquisa qualitativa com um Seleção realizada por cientistas e seus parceiros. Contra- O status dessas entrevistas qualitativas era o comportamento de planejamento subjetivo, as estratégias de ação do parceiro interno e as dimensões de avaliação, os processos de negociação no casal, bem como as antecipações, interpretações e Processamento dos fatores ambientais institucionais das carreiras científicas entre parceria e família. No final do *padrão* Por esta razão, todos os parceiros de entrevista se tornaram *entrevistas de curso de vida distribuídas* em volta dela aprovação para um avançar enquete perguntado. O garantido 96% dos cientistas e 97% dos part- muito alto. Em última análise, a vontade real de participar de uma entrevista qualitativa um pouco mais baixa. Dos 47 conhecimentos trabalhadores poderia 33 para a entrevista ganho tornar-se. Sobre isso Além disso, conforme planejado, foram realizadas doze entrevistas com parceiros desta ciência realizado.

Todos os cientistas que se dispuseram a participar do painel foram introduziu procedimentos de amostragem na seleção para as entrevistas qualitativas incluído. Os grupos aí definidos contrastam no que diz respeito aos Critérios estabelecidos reticamente, com uma variação dessas categorias heterogeneidade máxima das combinações de recursos é representada na amostra ("modelo de deliberar amostragem de heterogeneidade" depois Campbell/Cozinheiro 1979). Depois para o de Glaser/Strauss (1967) formulado princípio de saturação

"Ligado Vidas" na Ciência

para qualitativo entrevistas satisfazer dez á doze centrado no tema interpontos de vista com especialistas na área a ser explorada, como as visualizações não fornecem nenhuma informação adicional relevante para o tópico. Esse A construção do grupo de comparação permite estudos de caso contrastantes posteriores mesmo certos subgrupos (cf. Kluge/Kelle 2001).

quartel general critério de seleção eram o Constelação de carreira de casal para o Momento da entrevista e filiação da disciplina. no casal constelação de carreira (para o hora da entrevista o padronizado casado exercício) distinguimos os seguintes grupos: (a) mulheres cientistas, no aqueles ambos parceiro um Carreira ter (ou seja casais de dupla carreira, n=15), (b) mulheres cientistas, onde apenas o homem (n=9) ou (c) apenas a mulher tinha uma carreira (n=9). Das 33 mulheres entrevistadas e eram onze professoras, 24 das mulheres tinham filhos e nove tinham (ainda) nenhum. Além disso, a constelação do sujeito e do campo ocupacional ção dos casais no momento da entrevista padronizada. 14 mulheres com parceiro cientificamente homogêneo e 19 Mulheres entrevistadas com um parceiro profissionalmente homogêneo. mais conhecimento no momento da entrevista estavam no grupo de pro- promovido, cujo doutorado foi há mais de três anos. Além e além Doutorados "recém-nascidos" (nível 2 da carreira) e professoras também passaram a ser questionado.

Os parceiros entrevistados de doze desses cientistas foram selecionados de acordo com os seguintes critérios: Idade entre 30 e 49 anos (ou nascidos entre 1960 e 1979), de carreira dupla e carreira única casais, bem como casais com uma divisão de trabalho típica e igualitária no lar apenas. Além disso, todos os três grupos de disciplinas e parceiros estão envolvidos atividades profissionais dentro e fora da Ciência

represent O levantamento das entrevistas qualitativas seguiu a estratégia criada na técnica SFB 186 ckelten para entrevistas focadas em questões (cf. Witzel 2000). Com base em um assessor com um inventário de pontos que garante que todos os assuntos fascinantes sejam atendidos e, se vitais, acompanhados sejam solicitados, esse tipo de entrevista permite o foco em ramos de conhecimento pré-caracterizados e fatores impactantes. Ao conectar prompts de história aberta com arranjos de teste dialógico, a conexão em estágios específicos de vocação e organização oferece a essa estrutura de entrevista espaço suficiente para a autopromoção dos entrevistados. Sobre o trabalho de memória e recriação do sequenciamento genuíno da profissão e relacionamento gradualmente facilitado na reunião foi dispensada a informação do estudo quantitativo para cada esboço de história individual do entrevistado feito. As reuniões se concentraram naqueles agrupamentos registrados, o intrigado (institucional) aparente

"momentos decisivos" e outros "momentos decisivos" emocionalmente críticos. Este procedimento, o resumo baseado em arquivo permite uma associação geralmente excelente de informações quantitativas de história de vida e projetos subjetivos de importância.

quartel general características o questionado cientistas

No momento da entrevista, os cientistas questionados padronizados foram apontar sempre depois nível de carreira (no mediana) entre escasso 29 e 54 anosvelho (Tabela 1.2). No o professores deu isto claro idade schiede: Em média, as professoras eram seis anos mais novas que os professores (isso indica uma sub-representação ainda maior das mulheres em gerações). No primeiro grau universitário foram os homens Cientistas em todos os níveis de carreira com idade média de 26 anos, correr um ano mais jovem. Na mediana, o científico alunos e professores em seus 30 anos, ou seja, cerca de cinco anos depois (primeiro) diploma universitário, doutorado. Aqui, também, quase não havia gênero diferenças. A situação é diferente com a habilitação. ela era do Professores - mediana - 14 anos após a formatura ben, pelas professoras após 15,5 anos.

.

O *mediana* dá informações sobre a idade, até além disso no 50% de amostras o respectivo
"Evento" ocorreu. Em contraste com a média aritmética (média) é a mediana não é propensa a casos extremos. Além disso, ele permite eventos que (ainda) não no todos pessoas de amostras ocorrido ter (por exemplo: B. aniversário de primeiro criança ou habilitação), o inteiro amostra para o cálculos para levar em conta.

M = Homens, f = Mulheres

Fonte: registro "Junto Carreira fazer"; ter cálculos

"Ligado Vidas" na Ciência

Como mostra o tempo de duração das parcerias no momento da entrevista, está atuando são relacionamentos de casal de longo prazo. O apego a um parceiro foi já difundido no início da carreira profissional. Quase três quatro parte de todos os cientistas já estava viva quando recebeu seu primeiro diploma universitário em parceria; em três quartos deles dura (fez) até o inter- tempo de visualização. As mulheres cientistas pesquisadas viviam com um pouco mais de frequência em uma parceria do que seus colegas do sexo masculino (78% vs. 71%) também um pouco mais frequentemente com o mesmo parceiro durante a sua - desde o primeiro Diploma universitário observado até o momento da entrevista – profissional carreira (79% das mulheres vs. 74% dos homens). Essa alta proporção de (muito tempo) parcerias é parcialmente o construção de amostra devido. Pessoas que nunca viveram em parceria ou por mais tempo Os tempos sem companheiro foram, não teve ou estatisticamente menor Possibilidade de ser incluído como alvo da pesquisa (ver acima). No entanto, isso não é uma lacuna para as análises, pois é justamente com o entrelaçamento de biografias profissionais *em o parceria* a déficit de pesquisa existe (consulte a Seção 1.3) e esse o assunto do livro é.

O cientistas eram aproximadamente 23 Meses (mediana) mais jovem como seus parceiros, cientistas, ao contrário, onze meses mais velhos que seus parceiros- para. Com metade dos cientistas, o sócio ainda estudava quando já haviam concluído seus estudos (vs. 31% das mulheres cientistas, o para tempo do diploma universitário do parceiro).

Com relação às crianças, houve apenas claras entre os professores Diferenças: 85% dos professores eram pais (em média dois filhos dern), mas "apenas" 61% das professoras tiveram (em média) um filho. Três quartos dos cientistas com doutorado tiveram (pelo menos) um Criança; entre os doutorandos, por outro lado, três quartos não tinham (ainda) filhos (biológicos). Para o momento do nascimento do primeiro filho há o mesmo para você claro diferenças assim como entre o como também dentro de das etapas da carreira: 50% das mulheres com doutorado tiveram seu primeiro filho até sete anos após seu primeiro diploma universitário e, portanto, dois anos mais cedo do que os seus homólogos masculinos. Em contrapartida, o pró-fessorinnen o nascimento do primeiro filho em média doze anos após Grau acadêmico e assim quatro anos depois como em seu colegas em vez disso.

Essas diferenças entre os estágios da carreira são mais um aponta que mulheres com filhos têm mais dificuldade em ciências. A redução da proporção de filhos, bem como o aumento da idade, quando essas crianças nasceram para os professores do sexo feminino em comparação com o Os graduados são indicadores de que os pós-doutorandos são mulheres cientistas têm menos chances de conseguir uma cátedra com crianças (primeiras) homens. Esta interpretação parece ser apropriada, pois a diferença de idade diferiram apenas entre as alunas de doutorado e as professoras média dez Anos equivale a (por favor consulte Mesa 1.2). Com isso eram isto muito pergunta lich, esse diferenças como "Diferenças Geracionais" para interpretar. As descobertas para as professoras (mais velhas) não são, portanto, voltadas apenas para elas restringir. Em vez disso, eles também podem ser usados para derivar um "Aus- surgiu" da ciência das mulheres com filhos no (mais jovem) pro- mudou-se antecipar (ver também capítulo 3 neste Um livro).

significância os dados

O Dados, usado para as análises neste livro não é representativo de todos os acadêmicos das universidades alemãs. Para colocá-lo positivamente, fique os resultados por seguir Grupos de pessoas:

– Indivíduos com um diploma universitário que tenham pelo menos um determinado Tempo (pelo menos no momento da entrevista) em um dos 18 selecionados Universidades (em Grande e cidades médias) estavam ocupados;

– Cientistas que têm pelo menos dois anos de parceria comum também acadêmico tinha parceiros educados;

– cientistas fora de disciplinas o Tecnologia-, Natureza- e Ciências Sociais (por motivos de anonimato abstemo-nos de deu entrevistas qualitativas sobre a nomeação dos selecionados especializações em esse três grupos disciplinares).

Este grupo de estudo é responsável por responder às perguntas formuladas acima Questões do livro sobre *carreira científica em (heterossexual) parcerias* muito adequadas. [6] A consideração das três disciplinas nen – tecnologia (fortemente dominada por homens), natural (dominada por homens) e Ciências Sociais (misturadas a dominadas por homens) – também protege contra encurtamentos disciplinares devido a diferentes lógicas de carreira ou proporcional ao gênero realidades.

Alguns também vão com essa construção da população de estudo restrições. Em primeiro lugar, estamos lidando com um aspecto mais positivo escolha das pessoas em relação à permanência na academia. Todos Pessoas que – por qualquer motivo – geralmente se opõem ao ciência decidiram não estão incluídos na amostra (embora Estão incluídos "retornados" que ocasionalmente - antes da visão geral - não estavam na ciência). A saída da ciência pode, portanto, não pode ser verificada diretamente, mas apenas comparando as qualidades masculinas das reuniões de alunos de doutorado, pós-doutorandos e professores (veja o modelo acima para crianças). Deve-se lembrar que os pesquisadores que nunca (ainda) tiveram uma associação ou cujo parceiro não tem um diploma universitário, não é essencial para a população (gentilmente aludir acima). Além de ter em nosso exemplo

6 entrevistas com pesquisadores nas mesmas duas ou três conexões permanecem à luz do caso baixo incluído nos exames que este livro dispensou.

"Ligado Vidas" na Ciência

mais crianças cientistas do que em outros estudos, já que só temos aquelas que vivem em parceria e, portanto, são mais propensos a também provavelmente terão filhos como solteiros. Finalmente podemos terceiro não fazer declarações sobre as humanidades e estudos culturais, bem como sobre pequenas universidades nas quais nem todas as três disciplinas estão representadas, e para cidades menores. Deixar de levar isso em conta é pragmático em termos de pesquisa razões técnicas, ou seja, a limitação de custos em relação ao número de casos, deve.

1.5 Carreira Dupla - O que é?

Em estudos mais antigos e mais recentes, *os casais de dupla carreira* raramente são explicitados. e uniformemente definido e operacionalizado (cf. Hiller/Dyehouse 1987; sarraceno 2007). Com isso é o comparabilidade mais diferente para Resultados de pesquisas sobre diferentes populações de estudo e o Possível apenas de forma limitada ao longo do tempo. Este fato é no entanto menos um "Descuido" o pesquisadores devido em vez de em grande parte o problema real de definir o que realmente é é uma carreira (cf. Moen 2003; 2010), e junto com isso também o que um carreira dupla é. A este respeito, não nos tornaremos um universalmente válido definição dar pode, no entanto gostaria nós nosso definição divulgar e justificar.

Em primeiro lugar, vamos dar uma olhada nos déficits das definições existentes ou operacionalizações de dupla carreira sensível. Primeiro tornar-se (ainda) muitas vezes casais de dupla *carreira com* casais de dupla *renda* igualado (cf. por exemplo Aldous 1982; Bernasco/De Graaf/Ultee 1998; Bloss- feld/Drobnič 2001). Isso significa que qualquer participação em emprego remunerado (pago) - independentemente do nível, nível de carreira ou outras características do atividade exercida – uma "carreira".

Em segundo lugar, mesmo em estudos que fazem tal distinção, existem não há critérios uniformes para definir uma *carreira* . Usado características estruturais muito diferentes dos empregados capacidade, como posição profissional (cf. por exemplo, Gross 1980; Lucchini/Sarace- no/Schizzerotto 2007), o nível de escolaridade necessário para o exercício de uma atividade (cf. por exemplo, Rusconi/Solga 2007) ou exercendo uma profissão (cf. por exemplo,

Bryson/Bryson 1980; Dettmer/Hoff 2005; Poloma/Pendelton/Gar- país 1981).

Em terceiro lugar, os indicadores subjetivos muitas vezes se tornam reais derivada da carreira. É assim que alguns autores definem a carreira com base atitudes subjetivas de carreira ou ambições - muitas vezes resumidas sob para o Expressão de "trabalho compromisso" (para um crítica por favor consulte Casa Hiller/Dye 1987; Levy/Bühlmann/Widmer 2007) - e ajustar isso com a realidade equiparação de carreiras.

Em quarto lugar, alguns autores apontam corretamente que As carreiras não devem ser definidas estaticamente, mas dinamicamente como uma desenvolvimento, o que, no entanto, acontece muito raramente. Portanto, o cartão deve definição da consideração da biografia geral (anterior) e sua Inclua cumulatividade e direção de desenvolvimento (cf. Bielby/Bielby 1984; Hiller e Dyehouse 1987; Levy/Bühlmann/Widmer 2007).

Essa variedade de critérios de definição e sua operacionalização é também para a definição de carreira original de Rapoport e Rapoport (1969). Defina carreiras duplas no primeiro post Eles consideram as carreiras (em contraste com o emprego) como "empregos de alta ly proeminente pessoalmente, ter a desenvolvimentista seqüência outro exigir a altograu de compromisso" (Rapoport/Rapoport 1969: 3). No anterior No entanto, apenas as dimensões individuais são consideradas no cálculo, e apenas raramente a natureza multidimensional das carreiras é formulada aqui implementado.

Além disso, é discutido se carreiras duplas se aplicam a *casais* ou relacionar *famílias.* O título do primeiro estudo de Rapoport e Rapoport (1969) sobre carreiras duplas não se referia ao casal, mas a "A Dual carreira *famílias* ". Aqui examinado ela então casais, no aqueles ambos (casamento) parceiro um Carreira *e* pelo menos a criança tive. Um mais novo estudar define os filhos como *condição* de dupla carreira - com a justificativa ment que somente através "das funções associadas e da 'família arbeit'" as carreiras profissionais de ambos os parceiros seriam difíceis de realizar (Cle- ment/Clement 2001: 255). Fora de esse perspectiva ter nós isto por assim dizer comum dobro carreira dupla para fazer: o realização dois Carreiras profissionais e sua ligação com o nascimento e a educação dos filhos. Esse definição é no entanto fora de dois Encontrado problemático. Primeiro torna-se com isso a relação e o trabalho doméstico de casais sem filhos a priori como "uma matéria acadêmica" desvalorizado; em segundo lugar torna-se sobre esse Caminho normativo definir, que Crianças pertencem a um relacionamento de casal (perfeito), porque casais sem filhos poderia por definição não carreira dupla ter. Isto dá então mas não apenas numerosos estudos para diferentes países que mostram que o Nascimento de filhos, chances das mulheres de obter um emprego remunerado e Carreiras – e conseqüentemente a probabilidade de carreiras duplas – reduzido (cf. por exemplo, Levy/Bühlmann/Widmer 2007; Levy/Ernst 2002; Luc- Chini/Saraceno/Schizzerotto 2007; Rusconi/Solga 2007; Schulz/Blossfeld 2006). Há tantas evidências de que a interdependência de duas biografias profissionais *sem* filhos não é uma coisa natural nem descomplicado ou. sempre bem-sucedido é (ver. por exemplo B. Becker/Moen 1999; Bielby/Bielby 1992; Hertz 1986; Pequeno 1996; Rusconi/Solga 2007). o frequentemente com carreiras relacionado requisitos em temporal e mais espacial Lá-

"Ligado Vidas" na Ciência
A visibilidade não é apenas um grande desafio para os casais quando são filhos (por favor consulte Seções 1.2 e 1.3 e as avançar capítulo deste livro).

definição de carreira e dupla carreira em esse Um livro

dado esse pesquisar e situação de discussão diferenciar nós em esse Um livro explícito entre emprego e Carreira. O nudez Embora o emprego remunerado seja um requisito necessário, não é suficiente característica para a existência de uma carreira. Para este sub usar o divórcio usamos os seguintes critérios.

Como primeiro deve isto em si em volta o exercício um *educacionalmente adequado* atividade, ou seja, a atividade realizada deve corresponder ao adquirido anteriormente qualificações de correspondência. A este respeito, não é o rendimento, mas o conteúdo do trabalho decisivo.

em segundo lugar é – Como já de relatório e relatório (1969) executado

– a perspectiva de *(mais) desenvolvimento profissional* é importante. carreiras em diferente profissões, áreas de atividade e setores econômicos consequências aquilo é diferente lógicas e Requisitos a respeito de padrões de carreira e culturas profissionais; No entanto, o que todos têm em comum é que incluem oportunidades de progresso. Isso também corresponde à definição de carreira ção do dicionário de uma carreira profissional (rápida, bem-sucedida), um avanço profissional e o francês subjacente Palavra "carrière" (pista de corrida, carreira) (cf. Drosdowski 1989). de acordo Assim, as carreiras devem ser definidas *longitudinalmente, a fim de* ven e mudanças ascendentes na *qualificação , profissional para poder observar cargo* e *ascensão social* . o existente ser uma carreira é, portanto, baseada no profissional realizado Desenvolvimento ou a perspectiva dele *de acordo com* a vida. ou melhor definido por esta idade institucional (ver abaixo). Assim seria, por exemplo, B. um lugar em da ciência em que se pode obter o doutorado, cinco anos depois Conclusão dos estudos de acordo com a sua carreira, mas não dez anos depois.

Crianças assim como "trabalho compromisso" e ambições de carreira tornar-se como critério de definição de nós não levado em consideração. Ela pode certamente representam importantes fatores influenciadores para a realização das carreiras - o que entretanto, teria que ser testado empiricamente (Levy/Bühlmann/Widmer 2007: 264; veja também os capítulos 3 e 4 deste livro); no entanto, eles se definem não, se um profissionalmente, no sentidos uma carreira é bem sucedido ou não.

Essas considerações resultam na seguinte operacionalização do Conceito de carreira neste livro, que também é baseado nos dados coletados entrevistas padronizadas poderiam ser implementadas. Esses critérios são Se os critérios forem atendidos por ambos os parceiros, há *carreiras duplas* de acordo antes. A Figura 1.2 mostra nossos principais critérios para carreiras em ciências de acordo com a ciência para o institucional idade e o nível de carreira.

Nota: T_0 define o tempo da primeira conexão de estudo, T_6 significa "seis Anos depois de formado" etc.

No que diz respeito à *aquisição de habilitações,* seis anos após a primeiro grau universitário, o doutorado e 16 anos depois a habilitação ções estão disponíveis (veja a parte inferior da Figura 1.2). Uma cátedra júnior foi definido como adequado até um máximo de 17 anos após a graduação ned. Se você olhar para aqueles que (já) encontraram uma cátedra alcançaram (com o doutorado após cinco anos em média e o Habilitação após doze anos, ver Tabela 1.2), damos

com estas valores limite um pouco "mais tempo" em comparação com os lógica de carreira sob pressão (cf. também Zimmer/Krimmer/Stallmann 2007:103). (Ainda) períodos de tempo mais longos para alcançar esta carreira- etapas representam um "desvio da norma vigente" e provavelmente também apresentam desvantagens em termos de formação profissional adicional Desenvolvimento ou carreira.

A respeito de o *educacionalmente adequado profissional posição* (superior Papel da Figura 1.2) são empregos altamente qualificados ou todos os cargos de funcionários com os salários apropriados ou mesadas (pelo menos BASTÃO IIa, TVL ou TVöD 13, A13 ou C1) comobase o definição

levado. bolsas de doutorado tornar-se até no máximo seis Anos depois para o Grau acadêmico e habilitação bolsas de estudo até dez Anos Depois disso como carreira compatível considerado. Dez Anos

"Ligado Vidas" em Ciência

depois do grau acadêmico seria uma boa ideia para uma certa liberdade ou. obrigação relativa à execução foi cumprida. Por esta razão, a base "Os executivos de empresas com algo em torno de um trabalhador (incl. trabalhadores substitutos)". Por fim, um período de corte de 18 anos após a formatura para a mudança para uma residência extremamente durável ou cargo de chefia ou dado comparativo; ou seja, todas as pessoas que ainda estão na ciência daquele ponto em diante, mas não em tal posição, foram delegadas "não vocacionais" naquela época. No presente, as informações mudaram os professores abordados anteriormente algo antes - 15 anos depois de seu diploma acadêmico mais memorável (meio)

-        em sua residência mais memorável ou cargo de chefia (consulte também quarto/vermelho sangue/ stableman 2007: 103).

Além disso, para exercícios proficientes além da Profissão Científica, medidas ou datas em que a aquisição de cargos administrativos deve ser caracterizada.

1.6 Nosso Registro: Obstáculos e Realização condições de dupla carreira em parcerias acadêmicas

Na seção 1.3, uma série de perguntas de pesquisa em aberto foram formuladas, que são respondidas nos capítulos seguintes. preocupação do nosso contabilidade no esse Trabalho é isto, baseado de importante achados fora de esseOs capítulos resumem a questão central do livro "Quais são Obstáculos e quais são as condições para a realização do conhecimento científico carreiras femininas femininas e as carreiras duplas associadas em Parcerias acadêmicas?".

Nossa tese inicial era que carreiras duplas em parceiros acadêmicos parcerias são arranjos frágeis que podem ser alterados a qualquer momento por partes fora da parceria e fatores internos (ver Seção 1.3) podem ser questionados. Porque quem dá o "tom" nessas parcerias - ele, ela ou os dois - ou como é o ritmo das carreiras dos dois sócios resultado mútuo das instituições do mercado de trabalho ou do sistema científico, cujas interpretações e processamento no parceria e as práticas de intra-parceria resultantes arranjos entrelaçados. Estes últimos também representam os "sistemas interconectados" o gênero biografias de status o ambos parceiro em Educação, mercado de trabalho e família e assim contribuir para uma (re)produção ou redução o desigualdades em o oportunidades de carreira de Mulheres e homens dentro e fora da parceria. No entanto, como esses sistemas compostos fora de, e qual Influência ter ela sobre o realizaçãode carreiras duplas?

O Capítulo 2 mostra que os arranjos de *dupla fonte de renda* tanto no moções, bem como na fase de pós-doutorado com 55% e 58%, respectivamente tecer caminho o de nós examinado parcerias acadêmicas são. Incluído consiste impressionante diferenças entre

Mulheres e homens

–   mas não entre as disciplinas, de modo que os diferentes partilhar em o respectivo profissional Arredores nele não tem influência. Uma *primeira* diferença é que já na fase de doutorado Constelação de único ganhador, na qual apenas o homem é empregado, com o os homens significativamente mais frequentemente e de forma considerável. encontrar é (35% contra 13% entre as mulheres), enquanto as mulheres 66% em um vivendo em uma constelação de ganhadores duplos. Essa diferença é evidente em casais com e sem filhos; não é, portanto, devido ao emprego refração de Mulheres através Crianças causado. Que esse diferenças em as constelações de emprego da dupla de cientistas os cientistas são relativamente independentes da presença de crianças lembre-se também que há um alto grau de estabilidade nos modos de entrelaçamento antes e após o nascimento de crianças lá.

Em segundo lugar, as mulheres cientistas vivem com muito mais frequência com salários duplos nerarrangements do que suas contrapartes masculinas. Ou seja, científico as mulheres têm que seguir seus objetivos de carreira profissional com muito mais frequência do que os homens corresponder aos requisitos de trabalho de seus parceiros. Um pré-requisito importante A razão para isso é certamente que você e seus parceiros a longo prazo - no doutorado ção *e* fase de pós-doutorado – a arranjo de ganhador duplo prática. Esse sucesso um relativo enorme Parte. Mais como o metade o casais, o na fase de doutorado em uma dupla renda cientificamente homogênea arranjo vivido liderado esse ausente (57%), e mais 13% tornou-se Casais ocupacionalmente heterogêneos com dupla remuneração, em que predomina o homem deixou a ciência após concluir seu doutorado. Um padrão semelhante aparece para as parcerias de mulheres que estão em fase de doutorado heterogeneidade ocupacional arranjo praticado ter.

Em terceiro lugar, o único emprego remunerado do homem se os filhos são são tão comuns entre os cientistas em 40% quanto arranjos de ganhadores duplos. No entanto, mulheres cientistas também vivem o nascimento de filhos maioritariamente (mais de 50%) em regime de duplo rendimento arranjo. O significa que as carreiras científicas para as mulheres devem em claramente mais forte Dimensões sob o Condições, não o Apoiar

"um tácito trabalho de fundo" de parceiros para ter (ver. Beck Gernsheim 1983) e, ao mesmo tempo, os desafios de dois empregos conciliar atividades e cuidados infantis. Homens no entanto começar não apenas mais frequentemente como único ganhador dela Carreira, em vez de

"Ligado Vidas" na Ciência

42% permanecem na fase após o doutorado ou além carreira inteira. Apenas um terço deles mudou para um duplo pelverinnererarrangement. No entanto, deve-se enfatizar que os homens, se porque viver em parceria com uma cientista mulher, mesmo em em grande parte com os desafios de realizar renda dupla arranjos, tais como as descobertas sobre a base científica mostrar calhas

No entanto, se a proporção relativamente alta de casais com dupla renda, especialmente especialmente entre mulheres cientistas, também para - para o carreiras importantes das mulheres – *carreiras duplas* ? primeiro é Refira-se que apesar dos investimentos significativos em carreiras duplas Os estudos e o doutoramento, bem como o duplo emprego, não são automaticamente lugar. As descobertas do Capítulo 5 mostram que doze anos após a Graduação apenas 53% o cientistas e 40% o Conhecimento- schaftler teve uma carreira dupla como casal. No entanto, enquanto o A maioria dos cientistas (nomeadamente 86%) tem, no entanto, uma carreira conseguiu realizar (embora 45% como o único do par), conseguiu apenas 73% das mulheres cientistas (sendo 20% a única carreira Par). Este – tendo em vista o alto nível de escolaridade e participação na força de trabalho de ambos Parceiro - mas alta proporção de carreiras masculinas priorizadas em par (45% nas parcerias de cientistas e 23% nas cientistas) era para começo o carreira profissional – ou seja H. em o primeiroseis anos depois de se formar na universidade – muito menos pronunciado. Aqui poderia ainda 55% o cientista e 77% deles colegas do sexo feminino realizar uma carreira junto com seus sócios, e em apenas cada terceiro casal recebeu prioridade *em sua carreira.* No total falhou com o dobro de mulheres cientistas do sexto Um ano depois de se formar na universidade, a dupla carreira de casal em *sua* Carreira no Comparação para o macho dela Colegas.

Mas o que caracteriza os casais que têm uma carreira dupla e a necessária carreiras ágeis, mas mais difíceis para as mulheres foram capazes de competir com os casais malsucedidos? No que diz respeito ao participação trabalhista é fora de o achados de Capítulo 5 Interessante, que Mulheres cientistas que tiveram um acordo de dupla remuneração por um longo tempo realizado ter, *primeiro* não mais alto Carreira- e carreira dupla chance do que as mulheres com interrupções e que ainda *segundo* não o mesmo oportunidades de carreira Como dela macho colegas tiveram. Para isso torna-se duas coisas claramente. dupla carreira em parcerias acadêmicas das mulheres não falham por causa dos filhos se os parceiros e arranjo de cuidados encontrar, que dela a reentrada Garantir
se também (primeiro) com um reduzido Jornada de trabalho. Para o outros apontar No entanto, esses achados também indicam que as interdependências

intra-parceria arranjos externo barreiras de carreira para cientistas só pode compensar parcialmente. No entanto, eles não são de forma alguma irrelevantes, porque pelas parcerias dos cientistas mostra que o baixo melhores oportunidades de carreira para suas mulheres por meio de um sistema tradicional de priorização sua carreira por meio de um único ganhador ou acordo de carreira única mento é causado – que as crianças, no entanto, para esta divisão tradicional do trabalhonão papel desempenhado.

Os filhos não fazem sentido para a sua carreira? Não eles são não. No entanto, os resultados acima deixam claro que as mulheres em ciência, por um lado, com menos frequência do que seus colegas do sexo masculino, mesmo sem filhos colegas uma carreira ou em conjunto com seus parceiros uma dupla carreira sucesso. Por outro lado, há a questão das pausas na carreira e sua A duração é fundamental. Com isso não vêm os filhos em si, mas atribui especial importância aos respectivos *regimes de cuidados* , *tais como* Capítulo 3 mostra. Uma carreira poderia mulheres com filhos especialmente então percebem se eles - tendo em vista o uso muito difundido de uma tradição Nell divisão de trabalho entre o ambos parceiros – já no primeiro Idade da criança Instalações externas de cuidados em combinação com Use serviços de suporte fornecidos por terceiros privados. Tão cedo a externalização atempada e flexível permitiu-lhes O início, amarrado junto com um maior flexibilidade a respeito de o diário Horário de trabalho, pois não coincide com o horário de atendimento das unidades de atendimento estavam vinculados, mas ao mesmo tempo também através do uso das instalações de cuidados as direções não sobrecarregaram suas redes. Além disso, um par-trabalho continuado durante a licença parental (curta) como condição para o sucesso ção, o que resulta em integração contínua em redes profissionais iluminado (por favor consulte Seção 1.3). conseguiu esse não, duração um claramente maior risco de interrupção da carreira ou mesmo rescisão.

– Isso deixa sem resposta a questão de por que nem todos os acadêmicos os casais seguiram esse arranjo de cuidado.

Quais foram os benéficos Condições para a realização de tal arranjo? Para shows Capítulo 3 primeiro, que isto não no *diferenças motivacionais* deitar. Mulheres com filhos eram ainda mais propensos a ter uma carreira na *ciência* do que as mulheres sem filhos (77% vs. 63%). No entanto, pode-se observar que o sucesso mas mulheres sem filhos para esse objetivo com mais frequência seu desejo de ter filhos ainda não tinha percebido, mas também não queria ficar sem filhos em geral dez. diferenças em o orientações de carreira o Mulheres eram com isso não de desejo de ter filhos em vez de antes tudo – Como Capítulo 4 shows – através suas experiências com o quadro externo mais cientificamente carreiras e a situação profissional do casal. há primeiro esperar que o profissional situação o macho parceiro em o regra era mais segura do que a das mulheres (para uma explicação, veja a explicação mentos na seção 1.3, nível individual). No contexto deste mesmo Experiência *no Par* assim como deles respectivo ter Experiências com

"Ligado Vidas" na Ciência

Cientistas mulheres também têm contratos por prazo determinado ou desemprego por um lado, o ethos profissional masculino da ciência (ver seção 1.2) internalizados e, por outro lado, medidos apenas com base nessas experiências - e não qua gênero - o problema de conciliar trabalho e família uma prioridade mais alta do que seus maridos e colegas do sexo masculino. *bem-sucedido* cientistas desenvolver incluído muito diferente orientações profissionais que os ajudem a lidar com essa compatibilidade problema: Alguns deles desistem da perseguição individual pondo os objetivos de carreira de ambos os parceiros sobre a família outra parte, por outro lado, mantém uma orientação familiar igual certo. Para este último, a "vocação para a ciência" vai além do conteúdo, não avanço, e permanecer na academia é dependente do oportunidades mais flexível condições de trabalho dependente feito. O Carreira- No entanto, o sucesso desses cientistas depende da parceria assertiva, pois precisa do apoio do homem através de uma do ponto de vista profissional, uma relação de casal igualitária e segura ocupação ou um bom rendimento do homem.

Central a qual o arranjo de cuidado era praticado no casal de, não foram situações motivacionais, mas as *estratégias de apoio do Casais e suas ideias de gênero subjacentes* em relação lich maternidade e paternidade dos dois Parceiro. A Figura 1.3 mostra isso os três principais padrões observados nas análises do Capítulo 3 poderia se tornar. É surpreendente que, em primeiro lugar, as ideias tradicionais de igualdade em casais com maior externalização dos cuidados com os filhos e não - como muitos esperariam - andam de mãos dadas com um inferior pode. em segundo lugar deve igualitário noções de igualdade o Mulheres, se ela não sobre o mesmo para você igualitário imaginações no seu parceiros encontro, não levam a uma exteriorização tão maior. Esse No entanto, as mulheres correm o risco de assumir o trabalho principal contra a sua vontade. assumir a responsabilidade e o fardo principal de cuidar das crianças – sem ajuda e experimentam restrições de carreira como resultado.

Este não é o lugar para detalhar esses três padrões, ou para explicar como eles surgiram (veja o Capítulo 3 deste livro). É importante neste ponto, no que diz respeito ao equilíbrio da realização condições de carreira científica para mulheres e dupla enfatizar que as noções tradicionais de divisão do trabalho na creche *não* corresponde às aspirações de carreira tradicionais as mulheres devem ir junto; no entanto, é importante que as mulheres cumpram aderir a perceber ambos os parceiros como *iguais no trabalho* , para que esta mulher entao buscam apoio externo e continuam suas carreiras (ver Grupo 1 em Figura 1.3).

* Menção dos grupos de disciplinas em que esse padrão foi mais comum Fonte: compilação de achados fora de Capítulo 3 em esse Um livro

Por outro lado, o direito das mulheres à igualdade no cuidado das crianças ung, que encontra um modelo tradicional do homem, para um posterior envolvimento de "terceiros". A reivindicação de igualdade O parceiro é mantido por (muito) tempo. Estratégia de legitimidade estratégias desenvolvidas por essas mulheres para explicar por que seu parceiro não *pode* mais fazer (por exemplo, gênero tradicional suposições de papel por parte do empregador para o parceiro anti- cipado); mas mesmo estes e as disputas conflituosas sobre a falta de participação do parceiro no casal (no qual também o tradicional a atitude do parceiro torna-se visível, pois apesar dessa explicitação os processos de negociação no casal não envolvido) não levam a isso esse Mulheres cedo depois externo Apoiar ou. descarga procurar.

Sobre a continuidade profissional após o nascimento dos filhos bem como o sucesso do suporte externo em seus cuidados mostra Kap- tel 3 que eles poderiam ser melhor administrados com "apenas" um filho. Mães bem-sucedidas profissionalmente eram mais propensas a ter apenas um filho (48% vs. 74% de mães sem carreira). Além do arranjo de cuidados – mas definitivamente também como um fator favorável para o uso de externos serviços de apoio – é também a *altura do nascimento da criança* significativo. Mulheres cientistas que criam seus filhos após o doutorado recebido e/ou de uma carreira de sucesso então mais propensas a continuar suas carreiras do que as mulheres que começam em uma idade bastante precoce ponto no tempo em sua carreira científica tiveram seus filhos ou em um momento em que não tiveram sucesso em suas carreiras. essencial che fatores para esse Vantagens de mais tarde horários são diferenças em o financeiro recursos para (flexível) externo Cuidado, em a carreira

"Ligado Vidas" na Ciência

recursos *de ambos* os parceiros, nos pressupostos de motivação por parte do doadores e colegas, bem como nas possibilidades de continuação ou reconexão no já estabelecido profissional redes. Para Homens começar uma família (até agora) não teve impacto na carreira reoportunidades - nem mesmo se forem com um cientista (com uma carreira) Vivendo juntos.

Estas conclusões não devem de forma alguma ser entendidas como um fundamento para esta que as jovens e seus parceiros planejando estrategicamente e realocando para trás e que prevalecendo assim necessariamente sobre as demandas da esfera profissional devido. No entanto, deixam claro que as opções de cuidados externos dez e as estratégias internas de cuidado do casal são de particular importância ao realizar uma carreira com um filho - e pode, portanto, também ser visto como uma indicação de mudanças que seriam necessárias sobre a relação entre oportunidades de carreira para mulheres e família estabelecimento e seu calendário (ver abaixo). isso seria demais portanto, vale a pena porque a questão do ponto certo no tempo - que muitos dos entrevistado casais acadêmicos em o fez lugar – para muitos de eles emocionalnal é muito angustiante.

Quão importantes são *a mobilidade espacial* e *os*

arranjos de vida em parcerias acadêmicas? O Capítulo 5 mostra que apenas 60% dos academicamente homogêneo e 66% do campo ocupacional heterogêneo duplo casais morava no mesmo lugar. Mas também com cientistas parceiros desempregados era de apenas 70%. residencial multilocal arranjos são, portanto (pelo menos temporariamente) para muitos alunos ao cotidiano familiar. Mas eles não são um fator de sucesso para um per se carreira dupla. Por exemplo, as análises do Capítulo 5 mostraram que que em pares cientificamente homogêneos cientistas do sexo feminino com multilo- Os arranjos habitacionais de Kalen não tiveram uma chance de carreira dupla maior do que a deles Colegas que moravam com o companheiro em um só lugar. Mais importante que isso arranjo de vida era muito mais o Perguntar, se o empregador no curso da biografia profissional foi alterado, porque dados os padrões de carreira em a ciência envolve a estabilidade espacial com uma redução significativa a chance de realizar carreiras individuais e, portanto, duplas no cientistas junto. O é chamado, o Residir no separado lugares,o não através A mudança de empregador é causada e não contribui para a carreira no. Por outro lado, a abordagem estratégica para o empregador e, portanto, aumenta mudanças de emprego relacionadas à carreira que ambos os parceiros podem ter que mudar para um local pode levar à probabilidade de o casal receber um cartão duplo ré sucesso. Aqui shows em si por sua vez: Ambos – externo condições de carreira sobre o local mercados de trabalho amarrado junto com par interno estratégias de carreira

– carrega contribuir para uma maior chance de carreiras duplas entender.

A sinopse desses achados mostra que mesmo com parcerias garantem igualdade profissional para homens e mulheres em forma de carreira dupla não é de forma alguma a regra e, além disso, *nenhum* suficiente Doença para um igualdade o gêneros em o divisão do trabalho dentro da família. Por outro lado, uma relação igualitária arranjo em relação ao trabalho e à família na parceria não é suficiente condição necessária para a igualdade de gênero no local de trabalho mercado. Carreiras duplas são promovidas por relacionamentos de casais igualitários ou individualistas desenha – com aqueles um também rápido tradicional priorização o carreira masculina através de condições externas padronizadas masculinas profissional carreiras impedido tornar-se pode – aquilo é em vez de possível, mas não necessariamente exequíveis. Os responsáveis por isso são institucionais papéis de gênero e cardeal profissional "individualista" padrões recíprocos que se cruzam "conflitantemente" na parceria. o Ver- trança de cursos de vida para dupla carreira é com isso mais como apenas uma questão de logística ou de coordenação intra-parceria de reivindicações institucionais.

no entanto deve o intra-parceria perspectiva não sob- ser apreciado – e não pelos casais também. Um importante pré-requisito para a realização de carreiras duplas é o reflexo corredor com padrões de carreira e puericultura assim como com o desconstrução de idéias de papéis de gênero fora e dentro da parceria casal - e assim uma avaliação adequada da respectiva situação. Isso é importante, por um lado, para evitar desigualdades nas oportunidades de carreira do casal para reconhecer e por outro lado no Requerimento possibilidades o eliminação explorar.

No entanto, a Figura 1.4 mostra uma grande discrepância a esse respeito: Ambos os cientistas superestimam claramente a realização de uma dupla carreira em sua parceria. Subjetivo é o grande maioria deles acredita que eles têm um duplo Carreira pistas;

real são isto mas em todos fases da carreira claramente menos. Como resultado, a pressão do problema não é reconhecida em muitas dessas parcerias e as barreiras para as carreiras das mulheres (porque, como explicado acima, tern o - objetivo - carreiras duplas principalmente em suas carreiras) não encontrado ativamente. Continuar assim, no entanto, leva a uma solidificação do é igual a no Par.

Particularmente perceptível é a discrepância na ciência trabalhadores (com um Diferença de 41 pontos percentuais), no aqueles pendente o último escalão da carreira para a cátedra, o que face ao principalmente faltando carreira objetivamente alcançada com este falso percepção provavelmente não será mais fácil ou mais provável. Além disso, lich, que cientista em todos fases da carreira mais frequentemente um distorcido

"Ligado Vidas" na Ciência

Percepção da realização de uma dupla carreira na parceria têm do que suas colegas - e também justificado por dez (mais) necessidade de ação no que diz respeito às oportunidades de carreira profissional de seus ver mulheres. Tanto homens quanto mulheres mostram que *o dobro de ganhos* arranjos *internos* também freqüentemente já com *dupla carreira* equiparado ser – uma equação que, no entanto, como as análises deste livro mostram contribuir para que as mulheres tenham menos carreiras na ciência pode fazer).

Contrastes entre a presença objetiva de duplas profissões e a avaliação abstrata

Fonte: registro "Together Profission make"; próprias estimativas

Portanto, se finalmente perguntarmos o que seria possível, nosso próprio show Descobertas que desenvolvem ainda mais as vocações abrem portas para

mulheres na ciência e profissões duplas relacionadas, tanto condições externas razoáveis no mundo profissional quanto reflexão expandida, intercâmbio e as administrações de coordenação esperadas na organização são. Uma profissão especializada para os dois cúmplices - com concomitante É, portanto, importante capacitar a manutenção da organização e, se fundamental, a vida como pais associações de trabalho mais adaptáveis, com as quais as necessidades da família podem ser acomodadas; requer maior adaptabilidade e com o cenário de funcionamento sintonizado em escritórios externos de cuidados infantis (em qualquer caso, dependendo das carteiras específicas dos casais), bem como modelos alterados em Conexão de Orientação e Vocação na Organização, bem como também na própria associação. mente, além disso, como esse olhar poderia ter se formado em um panfleto de atividade autônoma (cf. Hess/Rus-coni/Solga 2011b).

2.   arranjos de entrelaçamento no história do par

2.1 O entrelaçamento das carreiras em casais entre as condições estruturais eestratégias adaptativas

Objeto esse capítulo é o estudo dos padrões de interdependência de histórias de emprego em pares, ou seja, a combinação de partes (emprego) viabilidades dos dois sócios, e a questão de saber se certos vínculos profissionais e familiares eventos liary levam a mudanças na interconectividade. O termo O padrão de entrelaçamento destina-se a deixar claro que a combinação não é seletivamente - ou seja, apenas em um único ponto no tempo (por exemplo, mês ou ano) -, mas ocorreram em fases de vida de longo prazo ou as caracterizaram. [1] Conforme discutido no capítulo anterior, um requisito essencial para carreiras duplas, que ambos parceiro um ocupação perseguir. Então especialmente com esses chamados casais de dupla renda, pergunte até que ponto ambos os parceiros foram capazes de alcançar uma posição profissional adequada à sua respectiva formação e era a idade institucional.

Padrões de entrelaçamento em pares são o resultado da interação de gênero específico processos sobre diferente níveis (para um Discussão ver Rusconi/Solga 2008; Rusconi/Solga 2010). no social quadros sociais, culturais e institucionais influenciam condições - como B. processos de segregação específicos de gênero em educação e no mercado de trabalho ou cultura de trabalho específica do trabalho e lógicas de carreira, mas também as expectativas sociais deles Organização dos cuidados aos familiares (especialmente crianças) – que possibilidades de integração de Mulheres e homens em parcerias. Conforme ilustrado no termo " *estratégia adaptativa familiar* ", a família em e seus membros, no entanto, não seguem simplesmente passivamente as diretrizes institucionais e condições estruturais. Em vez disso, os casais trabalham e processam essas especificações ben e pode adaptativo estratégias desenvolver, com aqueles ela tentar,

---

1   im seguindo torna-se alternativamente também o Expressão arranjo usou ela profissional e privado Metas para alcançar (ver. Moen/Wethington 1992).

"O conceito de estratégia chama a atenção para o papel ativo (ao invés do passivo) da família unidade e sublinha a natureza dinâmica da vida familiar; famílias mobilizam e modificam seus plano outro comportamento como deles circunstâncias mudar." (Moen/Wethington 1992: 246)

Encontre tais processos no nível extra e intra-parceria não em uma justaposição, mas em uma relação recíproca conexão entre si (cf. Geissler/Oechsle 2001; Moen/Wethington 1992). Alterações nas condições estruturais podem levar a ajustes no entrelaçamento e mudanças na estratégia podem, por sua vez, mudar a posição (relativa) um ou ambos os parceiros no mercado de trabalho e, assim, a oportunidade estruturas de entidade para especial arranjos de entrelaçamento adiar. Além disso, as estratégias podem evoluir ao longo da parceria mudanças em o Tarefas, prioridades e Requisitos, mas tambémnas metas de um ou de ambos os parceiros nos vários estágios de relacionamentos e carreiras individuais (cf. Levy/Ernst 2002; segunda-feira de 2003; Nock 1998).

, os padrões de interdependência encontrados empiricamente *não são nem* estratégias de parceria *nem* como a soma das decisões do compreender cada membro da família. Em primeiro lugar, porque eles resultado da interação de decisões intra-parceria – incluindo (explícitos ou tácitos) compromissos e acordos entre os parceiros - com a estrutura de não

parceria representar coisas. Isso significa que os padrões de entrelaçamento também podem ser o resultado desejado de estratégias de parceria, se, por exemplo, B. após um como temporal limitado concebida pausa na carreira o reentrada sem sucesso no trabalho. E em segundo lugar, porque as relações de poder entre membros da família (ver. Sangue/Lobo 1960), muitas vezes estratificado através Velho e gênero (ver Saraceno 1989), os processos de tomada de decisão. influenciam significativamente, para que as estratégias da família ou do casal não (deve) corresponder aos desejos e interesses de ambos os parceiros (cf. o capítulo 3 e 5 em esse Um livro).

As questões de pesquisa deste capítulo são quais padrões entrelaçados do Trajetórias de emprego estão praticando cientistas e a que dinâmicas estão sujeitas através de determinadas relações profissionais e familiares Eventos? Até que ponto e com quem é apenas temporário mudanças ou para "mudanças" de longo prazo?

Arranjos de emaranhamento no curso do par

2.2 padrão de entrelaçamento e "Exercício Pontos"

Este capítulo terá uma perspectiva de curso de vida que permitirá possível, aspectos estruturais, bem como individuais e intra-parceria Fatores em um contexto temporal (histórico, mas também biográfico) menhang para trazer (ver. kohli 1985). Também levado em consideração tal um perspectiva também o Perguntar depois para o Influência mais cedo eventos da vida, -condições e decisões para o avançar curso de vida (ver. Maier 1991). O foco deste capítulo é a dinâmica do padrões das trajetórias de emprego de cientistas e seus parceiros ner acima o ciclo de carreira por um lado e acima o ciclo familiar por outro lado. Porque mudanças em ambas as esferas podem apresentar novos casais colocam desafios, mas também abrem novas opções para eles, que novo padrões de entrelaçamento liderar (ver. Levy/Ernst 2002; moen 2003; Nock 1998). A distinção entre as esferas profissional e familiar é ser entendido apenas como uma separação analítica, porque na realidade Homens e Mulheres contemporâneo em específico profissional e fases familiares,
por exemplo B. na fase de doutorado e ao mesmo tempo mãe ou pai de uma criança de.
Na *esfera profissional* , o emprego na ciência gerencia centralmente as fases de qualificação. Para uma carreira em alta escola ou instituição de pesquisa não universitária, o doutorado é algumas exceções essenciais. A conquista do doutorado marca também o único passo central no desenvolvimento profissional da gestão forças na administração pública, na política e no setor privado e fornece com isso também aqui a importante fator no escalar o escada de carreira (cf. Enders/Bornmann 2001; Hartmann 2002). A possibilidade Assumir tarefas responsáveis

(gerenciamento) muitas vezes anda de mãos dadas lado com a aquisição do doutorado. Além disso, forma de emprego e escopo do trabalho para Atividades, o um promoção assumir, por exemplo, na ciência: além de alguns disciplinas e diferenças de género tornar-se depois o promoção As subvenções são menos comuns e os contratos de trabalho a tempo inteiro são mais comuns (cf. Hess/Rusconi/ Solga 2011a; Zimmer/Krimmer/Stallmann 2007). Em relação ao financeiro proteção e oportunidades de trabalho e carreira torna um profissional motion tem um efeito positivo em muitas áreas profissionais. O associado quais os maiores recursos financeiros permitem aos casais, por um lado, modelos bastante individualistas da interdependência de suas trajetórias de emprego prática (cf. Bathmann/Müller/Cornelißen 2011; Dettmer/Hoff 2005), porque isso significa, por exemplo, residências separadas, deslocamento, mas também externas As soluções de cuidados infantis são mais acessíveis - o que significa que ambas as partes capazes de realizar o seu trabalho remunerado de forma relativamente independente umas das outras. por outro lado abrir ela casais também o Possibilidade, sobre um (segundo) Abster-se de emprego remunerado, especialmente se, além de problemas financeiros recursos o profissional Requisitos depois o promoção também subiram e casais antes Problemas de (in)compatibilidade ser perguntado.

Com o assumir de deveres gerenciais é o tarefa frequentemente não mais
"apenas" o Escrever o ter trabalho de qualificação e possivelmente. o cooperação em um projeto, mas também a aquisição e implementação de um projeto projeto e a orientação dos funcionários. É, portanto, uma questão de presentes, o com maior espaço-temporal requisitos de disponibilidade pode andar de mãos dadas. Além disso, os requisitos geralmente aumentam espacial móvel ser para avançar em sua

própria carreira.

Um Investigação doutorado cientistas e Engenharia correr dentro de e fora de o Ciência poderia mostrar, que depois o doutorado, os primeiros quatro anos de estabelecimento profissional são os mais móveis Fase representam e que uma relação positiva entre os movimentos e sucesso profissional (Becker et al. 2011: 42f.). Especialmente as mulheres com cargos de gestão (desde a gestão média) eram muitas vezes móveis homens do que suas colegas mulheres em cargos profissionais inferiores (Becker et al. 2011: 42). Um estudo sobre doenças relacionadas ao trabalho chegou a conclusões semelhantes mobilidade de acadêmico e não acadêmico educado pessoas em Alemanha: Móvel são antes tudo pessoas com posição de liderança no Administração média. Por outro lado, a deslocalização relacionada com o trabalho e mobilidade pendulares em o mais alto fases da carreira ausente (Cortador e outros 2008: 134). Essas formas de mobilidade são, portanto, para subir na carreira necessário. No entanto, uma vez que uma posição superior foi alcançada, o celular requerimentos de qualidade mais baixo ou o possibilidades maior, em si esse Requisitos para opor (cf. Schneider et al. 2008). Além e além a mobilidade de realocação está acima da média para pessoas que são temporárias estão ocupados; ou seja, a insegurança ocupacional também aumenta a necessidade mobilidade espacial das coisas (Schneider et al. 2008: 135).

Devido a longas fases de qualificação em processos tipicamente temporários relações de trabalho são precisamente planos de carreira na ciência em comparação com outras áreas profissionais devido a uma fase mais longa de insegurança segurança marcado. Primeiro o vocação sobre vida (Professor) em uma fase relativamente tardia da vida representa uma vida segura (ilimitada) emprego (cf.

Zimmer/Krimmer/Stallmann 2007). planos de carreira em o Ciência são não somente comparativamente longo, em vez de também muito arriscado, então um cátedra obtido alto estimativas de jasão, Schomburg e Teichler (2006: 70, 72) apenas a cada dez doutorados e cada terceiro "candidato sério". Assim, as carreiras universitárias também como particularmente "precário carreiras" (cf. Enders 2003).

Tarefas e requisitos profissionais, mas também tempo e dinheiro possibilidades sociais diferem antes e depois do doutorado. De portanto coloca em si o Perguntar, de que maneira esse ambos fases da carreira com

Arranjos de entrelaçamento no decorrer do par

diferente padrões de entrelaçamento o histórias de emprego o Conhecimento- funcionários e seus sócios. Será que o aumento espaço-temporal requisitos de trabalho em o fase de pós-doutorado com um aumentar de parcerias de um único ganhador acompanhado? Consiste dado o mais alto incerteza científico carreiras cientificamente Por um lado, é mais provável que as parcerias sejam formadas por casais com dupla renda, mas por outro lado particularmente "instável" padrão de entrelaçamento representar, lá em Nesses casais, ambos os parceiros trabalham no campo profissional "arriscado" da ciência são?

De um grande número de estudos, sabe-se que na *esfera privada* o nascimento do primeiro filho leva a ajustes nos padrões de interdependência de emprego pode levar a parcerias (cf. por exemplo, Becker/Moen 1999; Pequeno 1996; Schulz/Blossfeld 2006). Direto o social Expectativas de disponibilidade e responsabilidade espaço-temporais da mãe para seu(s) filho(s) muitas vezes está em desacordo com o profissional requisitos chen (Hardill/van Loon 2007:

169) e muitas vezes leva a Interrupções no emprego e pausas na carreira (saída) (cf. Capítulo 3 deste Um livro; Gene 1993; Vogel/Hinz 2003). Os pais, por outro lado, visando assegurar a família e, consequentemente, a ascensão profissional, Mas não (ainda) sua disponibilidade espacial e temporal para a família (cf. Hardill/Van Loon 2007). O entrelaçamento da vida e do trabalho correr em parcerias então ganha no Complexidade, se de casais tornam-se famílias (cf. Hess/Rusconi/Solga 2011a), especialmente desde o tempo e demandas espaciais na esfera profissional e privada completamente diferente lógicas resultados, embora talvez nem mesmo o inverso o seja. É notável que as mulheres tenham quase certeza do que os homens após a introdução de seu primeiro de se intrometer em seu trabalho lucrativo, no entanto, qual trabalho o design entrelaçado antes do nascimento? Em quais casais são apenas mudanças momentâneas e momentâneas, e quais são mudanças de longa duração? pulmões - e por quê?

Essas perguntas são discutidas abaixo, ao longo da divisão lógica entre o trabalho e o estágio familiar foi inspecionado. Enquanto na Área 2.3 as técnicas e definições mostradas se tornam, o Segmento 2.4 é dedicado ao exame de projetos de confiança quando exames de doutorado e o Segmento 2.5 os projetos de união a introdução do primeiro filho.

2.3 *métodos e definições*

Os dados com os cientistas servem de base para este capítulo conduziram entrevistas padronizadas sobre o curso de vida (ver o Capítulo 1 deste sem Um livro). Como primeiro fase da carreira torna-se o fase de doutorado examinado.

Esta fase é chamada de três anos para cientistas com doutorado definido antes de adquirir um doutorado, enquanto os cientistas o na hora de entrevistas ainda não tinha doutorado o três anos antes da entrevista foram considerados. [2] Para a fase após a promoção ção, todos os cientistas com doutorado (incluindo professores com doutorado) incluídos na análise e seus padrões de interdependência até examinados até seis anos após a aquisição desta qualificação. Para o Comparação dos padrões de interdependência no curso da família, todos os conhecimentos envolvido com pelo menos um filho biológico na análise genes observados pelo menos dois anos antes do nascimento do primeiro filho tornou-se. Como "mais intenso" fase familiar tornou-se os padrões de entrelaçamento até seis anos após o nascimento do primeiro filho considerado.

Sobre a questão da interdependência dinâmica das histórias de emprego a prosseguir em parcerias, era para cada mês do respectivo carreira ou fase familiar, sejam os cientistas estavam envolvidos em uma parceria. [3] estabelecer uma parceria antes, cada mês combinava a atividade dos dois sócios considerados e entre a presença ou ausência de distinguir dois trabalhos. [4] Se você tiver apenas um emprego em Duas categorias foram formadas: [5]

- ganhador: Apenas o parceiro/o parceiro foi um ocupaçãodepois.
- único ganhador: Apenas o cientista era empregado.

No caso de interdependências com dois empregos, a

combinação nações dos campos profissionais das atividades dos dois sócios três categorias certamente:

– ciência homogênea ganhador duplo: Ambos parceiro eram no Ciênciasistema de ciência empregado.

2 Cientistas com um período de observação mais curto foram excluídos da análise excluídos, que afetaram 16% dos cientistas (principalmente na época entrevistas não doutorandos).

3 Para ambos profissional e fases familiares tornou-se cientistas fora de o análise excluídos aqueles que estavam com mais de um parceiro. isso veio raramente encontrados em nossa amostra: Apenas 6% dos cientistas tiveram mais de um parceria nos três anos anteriores ao doutorado e 6% durante os seis anos posteriores ao doutorado Promoção. Apenas quatro homens e duas mulheres cientistas viveram em mais de um Parceria nos dois anos anteriores ao nascimento do primeiro filho. toda ciência alunos ficou em o mesmo parceria em o seis anos Depois disso.

4 concessões com um financeiro Ajuda financeira tornar-se como emprego remunerado considerado.

5 A rigor, ambas as categorias são casais solteiros, pois apenas um dos cônjuges está empregado. A distinção conceitual entre as categorias de único e Assalariado serve apenas para distinguir quem era empregado na sociedade: parte- ner ou Cientista.

Arranjos de emaranhamento no curso do par

– Área ocupacional heterogênea duplamente remunerada: Os cientistas foram dentro, os parceiros fora da ciência ocupado.

– ganhador duplo fora de o Ciência: Ambos parceiro foi Ele-atividades comerciais fora da ciência depois.

Finalmente, todos aqueles casais em que ambos os parceiros não eram empregados.

Uma vez que este capítulo trata da interdependência em determinadas relações profissionais e familiares

fases de garantia e não apenas em um único ponto no tempo (por exemplo, mês ou ano), o exploratório método ativo de "correspondência ótima" para análise de sequência (cf. Brzinsky-Fay/Kohler/Luniak 2006). Para o respectivo profissional ou familiar fases de penhor estavam combinando as atividades dos dois sócios para determinados a cada mês (ver acima) e em sua ordem cronológica seqüência para sequências composto. Esse sequências tornou-se então comparado para criar uma matriz de distância, [6] qual o formaram o ponto de partida para a análise de cluster. Com ela então grupos de Sequências - ou seja, pesquisadores com sequências semelhantes de trança – identificado. [7] A homogeneidade dentro dos clusters e a A heterogeneidade entre os clusters permitiu classificar o conteúdo da interconectividade (existente) característica dessas fases padrão.

Ao longo da separação analítica entre fase profissional e familiar a seção seguinte primeiro examina descritivamente quais padrão de trança o cientistas antes e depois o promoção praticado e a dinâmica deste durante as duas fases profissionais assunto. Então, usando análises multivariadas, a influência características ocupacionais estruturais, de origem e de casal para determinados relacionamentos padrões de entrelaçamento são examinados e o significado do entrelaçamento anterior escalas exploradas mais tarde. Para isso, na seção 2.4.3 hipóteses bem formulado. Com a mesma estrutura, na seção 2.5 o padrão de trança após o nascimento da primeira criança examinada.

---

[6] Como é de praxe em pesquisas, foram levados em conta

os custos das substituições para 2, o custo indel (inserção e exclusão) definido para 1 (cf. Brzinsky-Fay/Kohler/luniak 2006).

7   O método Ward (método hierárquico) foi usado aqui. Lá, no entanto testes estatísticos convencionais não são aplicáveis com dados de sequência, o final número de clusters devido a diferenças de conteúdo - bem como número suficiente de casos - está correto (Brzinsky-Fay 2007: 413).

2.4 Arranjos de interdependência no decorrer do trabalho

2.4.1 Padrão o entrelaçamento

A análise da interdependência das carreiras dos cientistas e seus parceiros nos três anos antes do doutorado faz seis Padrão (Figura 2.1).

Figura 2.1: Padrão entrelaçado de histórias de emprego antes do doutoradoo Cientistas [*]
dv = ganhador duplo
Todos cientistas o pelo menos três observada anos antes da formatura tornou-se. No caso de estudantes não doutores, este é o período de três anos antes Entrevista.
Fonte: registro "Junto Carreira fazer"; ter cálculos
O mais comum arranjo eram campo ocupacional heterogêneo ganhador duplo (31%, padrão #2), [8] ou seja, pares em que os cientistas teve emprego na área científica enquanto os sócios um emprego em um outros campo profissional perseguida. O segundo

---

[8] quantitativo descrições tornou-se a respeito de de gênero, o nível de carreira e As disciplinas são ponderadas de modo que - conforme previsto no plano de amostragem (cf. Capítulo 1 em esse Um livro) – sempre para mesmo ações representar são.

Arranjos de entrelaçamento no decorrer do par

mais comum grupos eram para o a arranjos de ganhador único, então Casais onde só o cientista procura emprego foi (24%, padrão nº 4) e, por outro lado, duplo cientificamente homogêneo assalariados (23%, padrão #1), ou seja, casais em que ambos os parceiros estão na Ciência empregado eram. Também por causa de nosso amostragem era apenas uma minoria de cientistas em fase de doutorado predominantemente solteiro (11%, amostra #6). [9] Também muito raros foram arranjos em que apenas o parceiro procura emprego foi (7%, padrão #5), bem como arranjos de dupla fonte fora do Acadêmico, ou seja, casais em que ambos os parceiros não estão na faculdade ou. no campo científico (3%, amostra nº 3).

O distribuição esse seis padrão de entrelaçamento difere em si claramente entre gêneros e estágios de carreira. [10] Já no fase de doutorado, havia três diferenças principais entre o conhecimento aprender e cientistas. *Primeiro* : O três ganhador duplo arranjos juntos foram o entrelaçamento mais comum de ambos os sexoster. No entanto, eles eram mais comuns entre as mulheres cientistas do que entre elas. Colegas (66% vs. 50%, Figura 2.2). Cerca de um terço dos homens Antes do doutorado, o cientista era o único ganha-pão da sócia comunidade, enquanto apenas uma minoria de mulheres o fez (35% vs. 13%). *em segundo lugar* dá isto a claro diferença de gênero em o Divulgação de parcerias cientificamente homogêneas. Em quase um terço das mulheres cientistas, mas menos de um quinto delas colegas do sexo masculino, ambos os parceiros eram ativos na ciência (29% vs. 17%). *Em terceiro lugar* , mais do que o dobro de mulheres cientistas praticavam como os cientistas, o arranjo de um único ganhador (10% contra 3,5%). Significar- No entanto, as diferenças foram evidentes na propagação de heterogêneos para parcerias assim como de padrão único e de ganhador duploarranjos fora da Ciência.

9 Devido à amostragem aleatória, nenhum dos dados no momento da entrevista pertencia a esse padrão alunos não doutores (ver Capítulo 1 deste livro). Este grupo incluiu 23% dos no momento da entrevista pós-doutorandos e 13% dos professores sores e 15% de professoras do sexo feminino.

10 Existem também diferenças entre as disciplinas, que não são mencionadas descritivamente por questões de espaço será tratado com mais detalhes. Deve ser apenas brevemente apontado aqui que homens como Parcerias homogêneas eram mais comuns entre as mulheres nas ciências naturais do que nas outras disciplinas (cf. Hess/Rusconi/Solga 2011a). Quase 40% das ciências naturais mulheres e pelo menos um quinto de seus colegas especialistas fizeram parte de uma pesquisa casal de cientistas. Para as mulheres das outras disciplinas, no entanto, esse arranjo também não é exceção: 27% dos técnicos e 22% das ciências sociais pertenciam ao grupo academicamente homogêneo. Nas ciências técnicas e sociais cientistas eram isto 15% ou. 16,5%.

Fonte: registro "Junto Carreira fazer"; ter cálculos; pesada Declarações

Em resumo, fica claro que mais mulheres cientistas do que senschaftler confrontado com o desafio antes mesmo do doutorado são, dois emprego remunerado no comum disposição de Profissão e família a considerar. Além disso, essa interdependência ocorre em As mulheres o realizaram com muito mais frequência do que seus colegas masculinos no mesmo Campo ocupacional (ou seja, em ciência). Por um "conhecimento compartilhado" e "entendimento mútuo" das regras, requisitos e Possibilidades de moldar a profissão comum podem tal apoio ao desenvolvimento profissional de ambas as partes ner (cf. Hess/Rusconi/Solga 2011a). já que na academia n parcerias, no entanto, ambos os parceiros são comparativamente arriscados e seguir uma carreira incerta, tal partida também pode trazer estresse adicional e risco de falha. Com Essas "vantagens e desvantagens" são mulheres cientistas com mais frequência do que schaftler confrontado.

A comparação dos padrões de interdependência entre cientistas, que estavam em diferentes estágios de carreira no momento da entrevista encontrado, no entanto, deixa claro que isso também se aplica a cientistas do sexo masculino Parcerias com dois ganhadores em o fase de doutorado cada vez mais o Regra tornar-se. Então registro o três arranjos de ganhadores duplos para- junto a claro Aumento de 37% entre os professores de hoje 50% para pós-doutorandos e até 68% para quem (ainda) não se formou. No Em contrapartida, havia "apenas" quase um terço dos não doutorandos do sexo masculino e pós-doutorandos são os únicos provedores da parceria, enquanto isso está quase metade dos professores acertou (46%). Além disso, verifica-se que, em particular cientificamente homogêneo parcerias como padrão de entrelaçamento no significado

Arranjos de entrelaçamento no decorrer do par

ganhar. Quase um terço dos graduados não doutores do sexo masculino, mas apenas pouco menos de um quinto dos pós-doutores do sexo masculino e 6% dos professores ren em a fase de doutorado um parceria academicamente homogênea. [11]

Devido a esse aumento acentuado nos padrões de dupla fonte de renda em comum e o padrão cientificamente homogêneo em particular jovens cientistas masculinos e femininos em parcerias semelhantes. As mulheres cientistas sempre foram confrontadas com o desafio treinado para combinar duas carreiras antes mesmo do doutorado tecer, é esse um Tarefa, o hoje em dia também cada vez mais na deles macho colegas (cf. Capítulo 1 em esse Um livro).

2.4.2 *dinâmica o padrão de entrelaçamento*

O entrelaçamento dos caminhos vocacionais nas associações se dá pelas mudanças retratadas. De um ponto de vista, embora prevalecendo em todos os exemplos - como na Figura 2.1 mostrada - obviamente uma mistura dos exercícios dos dois cúmplices, no entanto, também existem pesquisadores em cada exemplo, que às vezes praticam uma mistura alternativa de seus exercícios especializados embelezados. Então, novamente, os designs de relacionamento também mudam na direção de uma carreira. O entrelaçamento das contas de trabalho para a hora dos encontros entre pesquisadores e professores formados para o período até seis anos após o doutorado mostra as duas semelhanças e ainda contrasta com os cursos de ação antes do doutorado (Figura 2.3). Após o doutorado, houve cinco encontros, cada um com uma dispersão um tanto única para combinar com os projetos durante o avanço. 12 Além disso, há mais um agrupamento, o direto através de uma mistura de várias misturas dos exercícios dos dois cúmplices desenhados é (design #6). 13

11 No que diz respeito à disseminação de estudos academicamente homogêneos e únicos, Em termos de ganhos, existem apenas pequenas diferenças de não mais de 5 pontos percentuais. Ambos Cientistas mulheres é a maior diferença entre os níveis de carreira no Disseminação de arranjos heterogêneos de campos ocupacionais: sua proporção cai de 39% entre os não receberam seus doutorados em 23% entre as professoras de hoje. Essa diferença é principalmente devido à maior proporção de professores do sexo feminino que gles eram.

12 Tal como antes do doutoramento, cerca de metade dos cientistas realiza uma formação profissional rogen (31%, padrão nº 2) ou parceria academicamente homogênea de dupla renda (21%, padrão #1). Solteiros (12%, Padrão #4) e arranjos de dupla fonte fora da academia (5%, padrão #3). Há também um único grupo significativamente menos frequente após o doutorado (4%, padrão #5). Após o doutorado, no entanto, não há um arranjo claro de um único ganhador de um não-emprego do Cientista.

Um avançar subdivisão esse padrão traz dois avançar grupos aparecer (não ilustrado). Por um lado, uma combinação de dupla remuneração heterogênea no campo ocupacional chamar e arranjos de ganhador único, no aqueles o parceiro não empregado era. dv = ganhador duplo

* graduado cientistas (Incl. professores)

Fonte: registro "Junto Carreira fazer"; ter cálculos.

Um exame da participação coletiva quando o doutorado mostra planos de jogo duradouros e mudanças. De informações e pesquisadores que têm um campo de especialização antes de seu doutorado, organizações heterogêneas ouviram algo menos como uma parte dos homens e algo mais como uma parte das mulheres também nos seis anos seguintes neste encontro em (47% versus 54%). contrastes mais claros entre as pessoas, no entanto, existem entre os indivíduos que mudaram o design da malha após a formatura. Enquanto 17% dos escolásticos que tiveram um cúmplice habilmente heterogêneo antes de fazer o doutorado eram o único fornecedor após o término do doutorado, houve uma mudança em nenhum pesquisador. Apenas em ocasiões extremamente raras, visto como um especialista

Por outro lado, uma combinação de duplas remunerações ocupacionalmente heterogêneas e acordos acordos de serviço em que o cientista não estava empregado. O primeiro A combinação é mais comum entre homens do que mulheres cientistas (17,5% contra 10%), enquanto o Oposto no o segundo combinação o caso é (6% contra 18%). Como esses grupos têm muitos casos censurados (ou seja, a entrevista ocorreu antes das seis anos após o doutorado) é discutido nas seguintes explicações e análises esse grupos não mais perto recebido.

Arranjos de emaranhamento no curso do par

mudança de campo – no sentidos um Gravação de Atividades em o Ciência

– de parceiros (menos de 4% de homens e mulheres). [14] Um semelhante altura estabilidade o padrão de entrelaçamento era no Ciência- encontrar alunos que, antes de concluir o doutorado, trabalharam em comunidades: 52% dos homens e 57% das mulheres o fizeram em o seguindo seis anos. No esse grupo deu isto no entanto também ge tipo ruim mudar o Padrão de entrelaçamento: Depois o promoção tornou-se 17% o Cientista, mas apenas um cientista para o único ganhador. Outros 13% das mulheres, mas apenas 3% dos homens mudam ao arranjo ocupacional heterogêneo de dupla assalariada, ou seja, seus parceiros ner não estivessem Mais em sistema de ciência empregado. [15]

Portanto, os cientistas não estavam liderando apenas pela metade antes mesmo de obterem seu doutorado tantas vezes uma parceria cientificamente homogênea quanto seus colegas, mas Outros também permaneceram um pouco menos frequentes com esse arranjo Curso. mesmo é aplicável para campo ocupacional heterogêneo Parcerias: Menos Cientistas como cientistas viveram permanentemente em tal lugar Arranjo. A estabilidade, por outro lado, é evidente para cientistas homens no padrão monoempregado: 42% deles permaneceram após o padrão movimento com este arranjo (vs. 14% dos cientistas), e apenas um terço dos cientistas mudou para uma das três duplas nerpattern. Para as mulheres desse grupo, por outro lado, foi de 29% seus parceiros, que antes não tinham emprego remunerado, aceitam um emprego na ciência e para outros 14% os parceiros foram encontrados fora da ciência haste empregado.

Em comparação com a fase de doutorado, a fase de pós-doutorado é composta por para resumir que a proliferação da parceria de dupla fonte de renda aumentou ligeiramente (de 55% para 58% dos doutores e professores sores). Por um lado, esse desenvolvimento foi causado pelo fato de que Maioria dos cientistas que concluíram o doutorado no grupo único pertencia depois o promoção Papel um casal ganhador duplo tornou-se (52% dos cientistas e 65% dos cientistas deste grupo).Por outro lado, um terço dos homens cientistas que trabalharam antes foram o único ganhador do doutorado, para um dos três ganhadores duplos grupos. Esse "tarde" Gravação um emprego na parte o parceiro também está associado à característica diferença de idade em casais deve: porque as parceiras são tipicamente mais jovens do que os cientistas ler (consulte o Capítulo 1 deste livro) para que possam ser usados posteriormente dela Estudos se formar e conseguir um emprego para gravar.

---

14 Cerca de 30% dos cientistas do grupo anteriormente heterogêneo mudaram para o grupo misto. Reconhecidamente, tal mudança era mais comum entre as mulheres do que entre os homens encontrar, o diferença de gênero é no entanto com apenas 5 pontos percentuais muito Pequena quantidade.

15 Cerca de outro quinto dos cientistas do anteriormente cientificamente homogêneo grupo mudado para o misturado Grupo. Aqui existe não diferença de gênero.

No entanto, os cientistas do sexo masculino foram e permaneceram não apenas tener em arranjos de dupla renda do que suas colegas do sexo feminino; também foi para eles uma mudança no padrão de entrelaçamento muito mais freqüentemente com um interrupção das atividades profissionais de seus companheiros. Se o conhecimento cientistas do sexo feminino, por outro lado, deixaram um padrão de dupla renda, então antes tudo por causa de um mudar no campo de atividade de parceiros (antes tudo em parcerias cientificamente homogêneas). Isso significa em todos os profissionais No entanto, o emprego remunerado de mulheres cientistas ocorre predominantemente em contexto de uma parceria dupla. Esses casais devem, no entanto, de uma perspectiva ter o potencial para vocações duplas (ver Seções 1 e 5 deste livro); então, novamente, eles se deparam com as dificuldades extras gen confrontadas, as duas posições para preparação e design conjuntos de Chamado e endereço de Família. Que a adaptação dessas dificuldades é um empreendimento problemático ao qual as organizações cúmplices frequentemente com uma renúncia (impermanente) do trabalho produtivo dos cúmplices em resposta se torna, mostra os resultados para o projeto entrelaçado do pesquisador masculino.

2.4.3 *Entre aproximação e perseverar diferente*

Em o anterior acabamentos tornou-se diferenças em o entrelaçando padrões de ção o cientistas e cientista claramente. No A seguir, examinamos as razões pelas quais um certo emaranhamento arranjo foi praticado e se a diferença de gênero através de um efeito específico de gênero das mesmas características e/ou algo parecido os chamados efeitos de composição (ou seja, uma composição de grupo diferente contexto sobre certo características) explicar pode deixar.

Por um lado, *as características da estrutura ocupacional são usadas como fatores explicativos* tidos em conta: a disciplina do primeiro grau académico e o turma graduada. Especialmente desde o início da década de 1990, a taxa de participação de mulheres educadas academicamente aumentou acentuadamente (cf. Anger/Konegen-Gre- ner 2008). Isso deve reduzir a probabilidade de parceiro com dupla renda ciências - tanto entre os cientistas do sexo masculino e na ciência haste – favor. Assim, as diferenças de gênero devem Cientistas que obtiveram seu primeiro título acadêmico desde 1990 adquirida pode ser menor do que na coorte de graduados mais velhos. Apesar disso deve levado em consideração tornar-se, que Mulheres em típica macho disciplinas foram e continuarão a ser desfavorecidos nas suas oportunidades de emprego (cf. Solga/ Pfahl 2009), que é um maior risco de interrupções (involuntárias) na carreira e, consequentemente, ge Arranjos de um ganhador podem resultar.

Além disso, são tidas em conta *as características de origem : o local de nascimento* em Oeste- ou Alemanha Oriental e o emprego o Mãe enquanto

Arranjos de entrelaçamento no decorrer do par

sua própria infância. Não só antes do "Wende", mas também hoje as duas partes da Alemanha diferem significativamente em termos de um Aceitação e apoio ao emprego feminino (cf. Dressel 2005) – um pré-requisito importante para a realização de ganhos duplos arranjos. Assim, a diferença na interligação andorinha-do-mar entre alemão ocidental cientistas e cientistas ser maior do que seus colegas da Alemanha Oriental. Da mesma forma, deve- dez uma socialização "mais igualitária" e o modelo do empregado mãe a probabilidade de sexo típico solteiro ou solteiro reduzir os arranjos salariais para homens e mulheres. Esse deve para menor diferente entre cientistas e cientistas com mães que trabalham liderar.

Finalmente tornar-se *sóciodemográfico traços de par* levado em consideração: a constelação etária e a presença de crianças. empresa anterior pesquisas para o Significado da constelação de idade para acordos de emprego em pares de acadêmicos mostram – ainda que não inequivocamente – essa dupla Os acordos de servidão são mais aplicáveis quando as mulheres são mais velhas do que seus parceiros (cf. Rusconi/Solga 2007; Solga/Rusconi/Krüger 2005). Sobre isso Além disso, é de se esperar que parceiros da mesma idade tenham principalmente a oportunidade de cientificamente homogêneo Padrão restringir poderia. No esse casais certas etapas e requisitos de carreira (e semelhantes) devem ser ser dominadas igualmente, enquanto casais de ocupações heterogêneas diferentes lógicas profissionais, pelo menos parcialmente, uma equalização dos requisitos pode suportar. Por fim, sabe-se da literatura que as crianças aumentam o risco de arranjos típicos de gênero único galinha (consulte a seção 2.2 bem como o Capítulo 3 em este livro). Portanto deve as diferenças entre homens e mulheres cientistas crianças ser maior do que entre indivíduos sem filhos.

A seguir, será analisado o impacto que a construção de palavras, futuro e atributos de correspondência tiveram na conexão de grupos de armadilhas específicos no período anterior ao doutorado. Conforme mostrado no segmento 2.4.1, há contrastes claros entre homens e mulheres. Pesquisadores na disseminação dos planos de jogo de trabalhador único e trabalhador único, bem como o projeto de trabalhador duplo experimentalmente homogêneo. A probabilidade de participar de uma dessas reuniões foi determinada por meio de recaídas de probabilidade direta. As probabilidades gerais de pesquisadores do sexo feminino contrastaram com os senschaftlern do sexo masculino: o valor 1 implica que as pessoas têm uma probabilidade semelhante para um design de entrelaçamento específico, valores mais proeminentes do que 1 indicam uma probabilidade mais alta para mulheres e, por outro lado, estimativas abaixo de 1 têm uma probabilidade menor. como árbitro A classificação de referência para o projeto de relacionamento tornou-se heterogênea no curso de ação do campo relacionado à palavra escolhido, ou seja, casais, naqueles que o Pesquisador da

foi usado em uma escola ou fundação de ensino durante o cúmplice procurado por uma vocação além da ciência. Como nas áreas pesquisadas no passado, este foi o termo mais conhecido para pesquisadores homens e mulheres e o grupo com menos distinção em orientação sexual.

Figura 2.4: Probabilidade relativa de mulheres em comparação com homens para solteiros, solteiros e homossexuais padrão de genes antes do doutorado (referência: berufsfeldhete- padrão rogen)

M0 : sexo; *M1* : características da estrutura de trabalho; *M2* : estrutura de trabalho + origem características; *M3* : estrutura ocupacional + características de origem + traços de par

Fonte: registro "Junto Carreira fazer"; ter cálculos

A Figura 2.4 mostra as probabilidades relativas da ciência em comparação com os cientistas, o único ganha-pão, Arranjo de ganhador único ou academicamente homogêneo em pertencer à fase de doutoramento. Se nenhum outro recurso além do mal considerados, os cientistas têm duas vezes mais chances de probabilidade de como cientistas do sexo feminino são os únicos ganhadores do parceiro eixo (M0). [16] Por outro lado, para as mulheres cientistas, há mais do que dobro probabilidade atravessar de seu Colegas, em um acordo

---

[16] A probabilidade de um padrão de um único ganhador em comparação com heterogêneo arranjo gene duplo ganhador foi de 54% (vs. 28% no cientistas).

Arranjos de entrelaçamento no decorrer do par

viver como empregado (ou seja, apenas o parceiro é empregado). [17] Homens e as mulheres, por outro lado, diferem apenas ligeiramente em termos de probabilidade um cientificamente homogêneo dual Earnerarran elementos em comparação com um campo profissional heterogêneo. Com uma exceção permanecer esse diferenças de género também depois consideração o estrutura ocupacional, origem e características do casal são relativamente inalteradas (M1-M3 na Figura 2.4). Somente para o padrão de ganhador único o diferença de gênero menor; começando pelo modelo que turelle Características consideradas.

A respeito de o *estrutura ocupacional características* mostrou em si por um lado, que, em comparação com arranjos heterogêneos de dupla assalariado no campo ocupacional em coortes de graduação mais velhas e mais novas a probabilidade de conhecimento as mulheres sejam o único ganha-pão na parceria, apenas metade era tão grande quanto seus pares (Figura 2.5). Por outro lado, mulheres solventes na coorte mais jovem são duas vezes mais propensas a a arranjo de ganhador único por causa de um ter não-emprego respectivamente. A esse respeito, os graduados diferem venten da coorte mais velha dificilmente um do outro. Essas descobertas contradizem a expectativa de aumentar a similaridade nas parcerias dos graduados mais jovens, porque na comparação de coorte o A diferença de gênero no modelo de trabalhador único diminuiu apenas ligeiramente aumentou e até aumentou no caso do modelo de trabalhador único. apenas fora de lich do campo profissional científico ou não científico Parceiros há uma clara aproximação: enquanto homens e Mulheres o mais jovem coorte com mais parecido probabilidade conhecimento- arranjos comunitários homogêneos ou heterogêneos de dupla renda praticados dez, este não foi o caso na coorte mais velha. Comparado a um disposição heterogênea do campo ocupacional eram cientistas do antigo coorte três vezes mais provável do que seus pares um par de cientistas.

No que diz respeito às diferenças entre as disciplinas, foi mostrado que em comparação com seus colegas especialistas (mais que o dobro pele assim) tinha um alto risco de um arranjo de um único ganhador devido a um para liderar o próprio não-emprego. Ciência masculina e feminina cientista distinto em si no entanto não de um para o outro. O relativo Probabilidade de mulheres em comparação com homens no técnico ciências não podem ser calculadas, porque embora 18% dos técnicos cientistas, mas nenhum deles macho pares esse ver

---

17 A probabilidade de um padrão de salário único em comparação com o campo ocupacional heterogêneo um arranjo de dupla fonte de renda era de 24% para mulheres cientistas (vs. 10% para mulheres cientistas cientistas).

Figura 2.5: Probabilidade relativa de mulheres em comparação com homens para solteiras, trabalhadoras solteiras e científicas padrão senschafthomogêneo antes do doutorado de acordo com características selecionadas (referência: ocupacional padrão heterogêneo)

Fonte: registro "Junto Carreira fazer"; ter cálculos

Arranjos de emaranhamento no curso do par

padrão trançado. [18] A expectativa de que técnica e naturalidade trabalhadores dado deles no Comparação para homens pior oportunidades no mercado de trabalho uma probabilidade maior de renda (indesejada) têm padrões de ganhos, portanto, só pode ser confirmado para o primeiro. Uma possível explicação para a maior probabilidade de Cientistas sociais eram, que isto em o Ciências Sociais no Comparação para o outros disciplina um mais precário profissional situação lá, por exemplo, B. no que diz respeito à taxa de desemprego e aos limites de tempo no emprego lento (cf. Diaz-Bone/Glöckner/Küffer 2004). Mesmo que nesta disciplina As mulheres plin experimentam menos desvantagens do que as mulheres em ambientes tipicamente masculinos. disciplinas (cf. Capítulo 1 deste livro), eles ainda estão ameaçados maior risco de ficar desempregado do que seus pares. resumo As expectativas quanto às características estruturais da ocupação poderão ser enviadas nenhum totalmente confirmado ainda refutado tornar-se.

Contrariando a expectativa de aumentar a similaridade no padrões de tranças existiam para os cientistas também a coorte de formandos mais jovens diferentes probabilidades, Acordos individuais ou de um único trabalhador em uma fase anterior da carreira respectivamente. A crescente abertura do campo profissional da ciência - no níveis de carreira mais baixos – para as mulheres, no entanto, significava que os jovens cientistas cientistas homens e mulheres com a mesma probabilidade arranjo de ganhador duplo no mesmo campo profissional praticado.

Ainda no que diz respeito à influência das *características de origem*, os resultados não ambivalente. No que diz respeito à probabilidade de um único ou padrão de um único trabalhador em comparação com um duplo heterogêneo de campo ocupacional acordo de ganhos é, como esperado, a diferença entre a Alemanha Ocidental homens e mulheres cal maiores. Homens da Alemanha Ocidental estavam com eles um aproximadamente duas vezes mais alto probabilidade como dela colegas do sexo feminino o única fonte de renda, enquanto as mulheres da Alemanha Ocidental, ao contrário de suas lugar a dobro então alto risco para a arranjo de ganhador único tive. As diferenças entre homens e mulheres da Alemanha Oriental eram gene mínimo. O expectativa que o emprego o ter Mãeaumentou a probabilidade de padrões de dupla renda, no entanto não ser confirmado. Que o emprego da própria mãe não é tornou mais provável que mulheres cientistas fossem o único ganha-pão em campo ocupacional heterogêneo Parcerias com dois ganhadores vivido contrário- não fala da expectativa de uma socialização mais "igualitária" (porque em ambos as mulheres procuram um emprego). No entanto, parece macho cientista não no mesmo O escopo também se beneficia disso têm: Porque mesmo em comparação com seus colegas do sexo masculino com não empregado Mãe tive ela um algo mais alto Probabilidade, o

---

18 Apesar disso é o risco um tal arranjos para cientistas em o tecnologia Engenharia mais baixo como em o Ciências Sociais.

ser o único ganhador. Por causa disso é a diferença de gênero entre cientistas com mães trabalhadoras maior do que entre aqueles cujas mães não trabalhavam. Também foi o partiu entre esse cientistas e cientistas no Padrão de salário único maior do que para aqueles com mãe inativa ter. Neste caso, no entanto, a probabilidade foi maior para mulheres e homens com mães que trabalham também um pouco menos do que para seus Pernas com mães que não trabalham. A expectativa de uma situação favorável influência para arranjos de dupla fonte de renda devido a uma "igualitária ren" socialização por uma mãe que trabalha, portanto, só pode ser no entanto, não pode ser inequivocamente confirmada para os homens. Isso poderia aponta que para entrelaçar acordos em parcerias, em vez de Significado é, se as mães das mulheres (cientistas ou parceiras femininas) estavam empregadas, e menos o que as mães dos homens (cientista ou parceiro) fez ter.

No que diz respeito às *características do casal* , a

constelação etária tem um peso significativo . mesma influência, especialmente para padrões de salário único. A maior diferença existia entre cientistas da mesma idade parcerias genéticas. Em comparação com um arranjo profissionalmente heterogêneo mento, havia uma maior probabilidade de homens com uma vantagem de idade probabilidade para o padrão de único ganha-pão como no seu Colegas com parceiro da mesma idade, mas o mesmo também se aplicava aos (poucos) parceiros femininos com parceiros mais jovens, de modo que para este grupo de diferença foi muito baixa. Como as mulheres, no entanto, muito menos frequentemente do que os homens tinha uma vantagem de idade, [19] pode ser parte da diferença de gênero em a propagação do arranjo de um único ganhador também em um composto efeito do íon pode ser atribuído. A expectativa é também a Achados: Os (poucos) cientistas com parceiros mais antigos estiveram conosco menos provável do que seus colegas com outras constelações de idade ção único ganhador. No entanto duração para cientistas com parceiros mais velhos uma probabilidade ainda menor, então para isso constelação a diferença de gênero permanece. Estes achados confirmam que os padrões de dupla fonte de renda (aqui heterogêneos em áreas ocupacionais) tendem a estar em parcerias atípicas para a idade são possíveis; ou seja, onde as mulheres (Parceiros ou cientistas) mais velho do que seus maridos. Mas como o termo "atípico" já sugere, tal (benéfico) Constelações de idade muito raras. Por outro lado, para homens e mulheres, o Não se pode confirmar a expectativa de que, sobretudo, os cientistas em pares parcerias com menor probabilidade conhecimento- eixo homogêneo como campo ocupacional heterogêneo padrão de ganhador duplo percebeu

19 Em média, os cientistas eram cerca de um ano mais velhos e as mulheres dois anos mais jovens que seus parceiros (Hess/Rusconi/Solga 2011a: 76). Apenas 7% dos cientistas correr contra 53% deles Colegas tive a vantagem de idade de pelo menos um Ano.

Arranjos de emaranhamento no curso do par

dez. 20 Uma possível explicação para este achado seria que neste início de outra fase profissional, o enfrentamento simultâneo de exigências profissionais semelhantes ainda era fácil de organizar ou tão bom quanto em diferentes Ramos profissionais. No entanto interpretar o Resultados também então, que o questão fundamental em casais da mesma idade é se dois O emprego remunerado é (pode ser) realizado. Porque especialmente com os homens Cientistas com um parceiro da mesma idade é a probabilidade de a arranjo de ganhador único comparativamente alto. A entrelaçamento padrão, que nestes casais da mesma idade não é explicar a entrada tardia do parceiro no mercado de trabalho devido à idade mas sim às dificuldades de lidar ao mesmo tempo requisitos profissionais indica.

Finalmente, as crianças devem ser mencionadas. O fato de macho Cientistas duas vezes mais propensos que seus pares para único ganhador eram, pendurado não – pelo menos não para esse tempo

–   com a presença de crianças. Mesmo homens sem filhos eram mais propensos a ser os únicos ganhadores em comparação com seus colegas sem filhos. Além disso, não houve diferença entre cientistas com e sem filhos. 21 Por outro lado, para mães em Duas vezes mais chances que os pais de concordar arranjo de servo por causa de o ter não-emprego para liderar, enquanto cientistas sem filhos estão apenas aqui pouco diferentes entre si. Esta maior probabilidade ou aquela maior risco das mães em relação aos pais *não é, no entanto* , sobre ele atribuído ao fato de que as mães são mais propensas a ganhar mais nervoso do que colegas sem filhos. Foram os pais que em comparação com seus colegas sem filhos, uma taxa substancialmente menor probabilidade de não estarem empregados. para homem Cientistas encontramos assim uma primeira indicação de que os pais de social expectativa de acordo com o Família através um ter emprego seguro. Para mulheres – cientistas e parceiros No entanto, outros fatores além das crianças parecem desempenhar um papel para um não-emprego para jogar.

Em resumo, pode-se afirmar que cientistas e cientistas cientistas típico de gênero oportunidades para especial entrelaçando

---

20 Para cientistas homens e mulheres, a probabilidade é um cientificamente homogêneo arranjos de ganhadores duplos no Comparação para um profissional- a heterogeneidade de campo é menor entre os mais jovens que seus parceiros. O menor diferença de gênero foi entre homens e mulheres cientistas para com mais jovem para encontrar parceiros.

21 Não surpreendentemente, isso também era verdade para as mulheres. Comparado a um campo profissional heterogêneo o arranjo com dois ganhadores era a probabilidade de um arranjo com um único ganhador mentos para mulheres cientistas com e sem filhos aprox. 20% (vs. aprox. 40% para os machos chen Colegas).

padrões de desenvolvimento na fase de doutorado. Especialmente no que diz respeito à propagação de arranjos de um único trabalhador em comparação com profissionais padrão de rendimento duplo heterogêneo de campo é a expectativa de um aumento o semelhança de cientistas e cientistas claramente refutado estive. Apenas a respeito de de campo profissional o Parceiros encontrado uma aproximação ocorre no caso de casais com dupla renda. Você também pode encontrar dicas sobre disciplina e gênero específico riscos sobre para o mercado de trabalho, ou seja, sobretudo no que diz respeito às restrições ao emprego atividade dos cientistas sociais e técnicos. Ele também joga contexto social e familiar de origem desempenham um papel significativo. Antes especialmente as mulheres (aqui cientistas) se beneficiaram da socialização por uma mãe trabalhadora no sentido de "aderir" a um emprego e em um padrão de dupla fonte de renda. finalmente mostrar os resultados mostram que os arranjos com dupla fonte de renda são mais propensos a ocorrer em parcerias são possíveis em que as mulheres (parceiros ou cientistas para) são mais velhas que seus maridos.

Mas até que ponto os padrões entrelaçados dessas ver cedo fase da carreira longo prazo de Significado, ou seja para o entrelaçando arranjos depois da formatura?

2.4.4 *Tudo no velho ou tornar-se o cartões remodelado?*

Como antes do doutorado, as descobertas de dissecações multivariadas mostram que, em contraste com o campo relacionado à palavra, pesquisadores heterogêneos de planos de jogo de trabalhadores duplos com menor probabilidade como seus parceiros, que eram os únicos provedores da organização. Então, novamente, eles viveram comigo uma probabilidade duas vezes maior em uma organização logicamente homogênea. A Figura 2.6 mostra as probabilidades de os pesquisadores da informação contarem com o plano entrelaçado do doutorado, um experimentalmente homogêneo ou único para ter um lugar com design de trabalhador após a formatura. A referência é como na área passada que exemplo heterogêneo de campo relacionado à palavra.

Não obstante as qualidades de construção, início e correspondência relacionadas à palavra, da mesma forma que a conexão com um dos seis exemplos antes do doutorado é considerada (Figura 2.6), pode-se ver que os pesquisadores que têm as oportunidades de probabilidade mais elevadas para um modelo de trabalhador solitário contrastado com um plano de qualidade de heterogeneidade relacionado com palavras, foram os que estavam naquele momento configurados antes do doutorado ensaiado este plano de jogo de união. As distinções entre as pessoas neste grupo são, de qualquer forma, diretas: Pesquisador, que eram os únicos trabalhadores no estágio de doutorado, permaneceu após o movimento com várias vezes a probabilidade de ingressar como pesquisadores.

Arranjos de emaranhamento no curso do par

Figura 2.6: Probabilidade de homens e mulheres para sola padrão de dupla fonte de renda homogêneo em termos de servidores e acadêmicos após o doutorado de acordo com a interdependência selecionada termo da fase doutoral (referência: área de trabalho heterogênea Padrão)

2.5 A interdependência dos cientistas nohistória de família

Conforme discutido na segunda seção, os eventos familiares também podem levar a uma "mudança de interdependência". Para examinar como os casais após o nascimento de seu primeiro filho, um arranjo de casamento diferente para praticar suas atividades, primeiro é necessário entender os padrões no dois anos antes o aniversário de primeiro corporal criança curto representar em volta então uma comparação com o arranjos posteriores permitir.

A análise da interdependência das trajetórias de emprego de cientistas pais e seus parceiros antes do nascimento de seu primeiro filho mostra quatro padrão (não mostrado). Cerca de 40% dos cientistas e da comunidade científica as mulheres viviam em um arranjo ocupacionalmente heterogêneo de dupla renda mente. Diferenças significativas de gênero podem ser encontradas na distribuição de cientificamente homogêneo e Arranjos de ganhador único: antigo eram claramente mais frequentemente no cientistas (32% vs. 18% no homens), o último entre os cientistas do sexo masculino (33% vs. 13% para mulheres). Para 10% dos cientistas e 14% dos cientistas trabalhadores era o entrelaçamento através interrupções o Conhecimento-atividade empresarial, seja por motivo de emprego remunerado o parceiro fora do sistema de ciência ou não empregado habilidades do cientista. Essencialmente, então, as inter-relações padrão antes o paternidade aqueles em o fase de doutorado muito semelhante

– entre outras coisas, porque a maioria dos cientistas só depois os doutores tornaram-se pais (cf. capítulo 3 deste livro; Hess/Rusconi/ Solga 2011).

A Figura 2.7 mostra que, além da homogeneidade científica e ruffeldheterogeneen padrões de ganhadores

duplos (Padrão 1 e 2) e para o arranjo de ganhador
único (Padrão 3) em o seis anos depois o aniversário

Que significa, que como no Seção 2.4.3 estabelecido, não
Padrão de ganhador único devido ao não-emprego o
cientistas depois o promoção para encontrar é. do
primeiro filho havia um arranjo de entrelaçamento
adicional que devido a uma pausa relativamente longa
na carreira acadêmica caracterizado por ser inativo
(9%, padrão #4 nas Figuras 2.7). [24] Além disso, todos
os padrões para o período após a criança parto mais
frequentemente fases com um outros combinação o
Atividades sobre. Uma comparação dos padrões de
emaranhamento antes e depois do nascimento primeiro
filho deixa claro , *em primeiro lugar* , que a propagação
da dupla remuneração casal depois o aniversário
removido tem; nomeadamente de 72% sobre 53% – e
esse auto então, se ao lado de o ambos cientificamente
homogêneo e
-heterogêneo ganhadores duplos também o ações
duplas o ge grupo misto. *Em segundo lugar,* masculino
che e mulheres cientistas após a paternidade
claramente em seus Arranjos: Quatro vezes mais
homens do que mulheres cientistas eram único
ganhador (40 vs. 7%). Por outro lado, quase um quinto
dos Cientistas do sexo feminino (17%), mas apenas
duas cientistas Desempregado. No entanto, pouco mais
da metade dos cientistas nen, assim como 40% dos
cientistas também foram após o nascimento do
primeiro criança parte de um casal ganhador duplo. O
nascimento de uma criança resultou então não
inevitavelmente para mais longo pausas na carreira o
Mulheres (nem para os sócios nem para os cientistas). o
para cima a preservação legal do arranjo de dupla fonte
de renda - como a análise mostrará no capítulo 3 deste
livro – nos processos de negociação no Par bem como

apoio externo.

Uma comparação dos padrões de emaranhamento antes e depois do nascimento do primeiro criança treinada no nível individual também mostra que metade do conhecimento que, antes do nascimento de seu primeiro filho, pode ter tido um arranjo de entrelaçamento, isso também depois praticado (54% dos cientistas e 58% dos cientistas). No entanto, enquanto 15% das mulheres desse grupo continuam trabalhando por um período mais longo, este não foi o caso de qualquer homem. No entanto quase um quinto dos cientistas e apenas uma mulher ner.

22

Um algo mais alto estabilidade o padrão de entrelaçamento tive Conhecimento- trabalhadores em antes campo ocupacional heterogêneo Parcerias: 66% o Homens e 63% das mulheres continuaram com esse padrão de emaranhamento. Mas mesmo neste grupo, quase um quinto dos homens e nenhuma das mulheres tornou-se Único provedor, enquanto 9% das mulheres e apenas um homem após o parto da criança seu emprego interrompido.

---

24 Há também uma fase mista para a fase após o nascimento do primeiro filho grupo (20%; padrão nº 5) no qual não há emaranhamento dominante, mas alternado arranjos e muitos casos (censurados), ou seja, onde a entrevista antes do sexto Aniversário de criança aconteceu.

Arranjos de emaranhamento no curso do par

o primeiro filho Padrões entrelaçados, no entanto, os cientistas do sexo masculino que já estão *antes* o aniversário único ganhador eram (80% contra 36% o Mulheres). No entanto Um quarto dos cientistas deste grupo interrompeu seu emprego atividade enquanto o companheiro ficou empregado (27%). O resto de Após o nascimento de seu primeiro filho, os cientistas mudaram para socialmente homogêneo e, em alguns casos, a dupla ocupacionalmente heterogênea arranjos de ganhadores (18% e 4% respectivamente).

Em resumo, isso significa: Embora as parcerias com dois ganhadores especialmente para mulheres cientistas após o nascimento de seu primeiro filho representam o arranjo de entrelaçamento majoritário, tem paternidade um significado incisivo e de gênero para homens e mulheres e para o entrelaçamento de histórias de trabalho em relações de casal gene. Esse família Evento pistas direto no cientistas e seus parceiros a mudanças maiores do que o evento profissional de Promoção. A principal razão para isso é a persistência da mais típico padrão de papel, o também no acadêmico educado homens e

mulheres são comuns. A seguir, examinaremos quais propriedades dos cientistas e seus parceiros para perseguir um maus arranjos típicos de um único ganhador ou de um único ganhador após o nascimento de primeiro criança explicar pode e de que maneira mais cedo entrelaçamento arranjos afetam mais tarde.

Análises multivariadas mostram que os cientistas - mesmo depois consideração da estrutura ocupacional, origem e características do casal - com dez vezes mais provável do que seus pares após o nascimento do primeiro filho são os únicos provedores por um longo período de tempo. Ciência cientistas interrompido no entanto dela ter emprego com dobro uma probabilidade tão alta como seus colegas. [25]

Como também para o padrão de entrelaçamento no histórico profissional mostrando tornou-se, não há aproximação entre homens e mulheres cientistas da coorte graduada mais jovem. Pelo contrário: em igual a um duplo (cientificamente homogêneo ou - heterogêneo) arranjo de servo deu isto no o graduados o mais jovem coorte uma probabilidade ainda maior para solteiros típicos de gênero ou Padrão de ganhador único do que graduados que se formaram antes de 1990 havia adquirido. No que diz respeito às disciplinas, o conhecimento sem diferenças, enquanto homens técnicos e naturais cientistas mais prováveis do que os cientistas sociais em Parcerias de ganhador único vivido. resumindo pode para o características *estruturais ocupacionais* são registradas que são típicas de gênero Padrões de emaranhamento após o nascimento de crianças em maior medida graduados mais jovens e cientistas do sexo masculino em tais denominadas disciplinas dominadas por homens (tecnologia e ciências naturais dez) foram praticados.

Com relação às *características de origem* , pode - se afirmar que como esperado Arranjos de trabalhador único após o nascimento do primeiro filho com maior (quase duas vezes) probabilidade entre os cientistas da Alemanha Ocidental do que poderiam ser encontrados com seus colegas da Alemanha Oriental. As diferenças entre Cientistas da Alemanha Ocidental e Oriental em termos de padrão de salário único eram no entanto significativo mais baixo. Não notável diferenças encontram-se, por outro lado, entre cientistas cujas mães durante deles infância esmagadoramente empregado eram, e aqueles cujo mães eram principalmente donas de casa. Isso significa que um tradicional divisão do trabalho na família de origem reduz a probabilidade para ser empregado (cf. seção 2.4.3), mas se isso Mulheres empregado são, então lugar ela depois o aniversário de primeiro criança

---

25 Por razões de espaço, os modelos estimados (probabilidade linear) para o emaranhamento padrão de desenvolvimento após o nascimento do primeiro filho não mostrado. Você está com o autor sobre Investigação disponível.

Arranjos de emaranhamento no curso do par

dela emprego assim como alguns para o disposição Como dela colegas do sexo feminino de famílias de origem com divisão de trabalho mais igualitária.

No que diz respeito à *constelação etária* na parceria, um diferentes influências nos padrões entrelaçados do masculino e do fêmea Cientista. macho cientista com atípico Constelação etária (ou seja, em que o parceiro ou o cientista mais velho era) praticado depois o aniversário de primeiro criança com maior Probabilidade de um acordo de provedor único típico de gênero do que dela Colegas com outros constelações de idade. No entanto distinto mulheres cientistas que eram mais velhas que seus parceiros em relação a sua Probabilidade de arranjos de um único ganhador não de seus pares com uma constelação de idade típica ou da mesma idade. Pela família fase após o nascimento do primeiro filho não pode ser confirmada, que o probabilidade de arranjos de ganhadores duplos no envelhecido casais atípicos é maior. Todas essas descobertas apontam para uma significativa Padrões persistentes de papéis de gênero após o nascimento dos filhos lá.

No que diz respeito à importância dos padrões de interdependência anteriores, a evidência encontrou uma clara estabilidade do padrão de emaranhamento (Figura 2.8). O Altíssima probabilidade para a arranjo de ganhador único

Figura 2.8: Probabilidade em homens e mulheres de solteiros e Padrão de trabalhador único após o nascimento do primeiro filho depois padrões de entrelaçamento selecionados antes do nascimento (referência renz: academicamente homogêneo e profissionalmente heterogêneo Padrão)

único ganhador depois parto   solteiro   ganhador depois parto

2.6 Conclusão

Neste capítulo, os padrões entrelaçados das histórias de emprego em duplas de acadêmicos e suas dinâmicas. Essencialmente existe- quatro padrões de emaranhamento: dois padrões em que ambos os parceiros são ativos (campo profissional heterogêneo e cientificamente homogêneo dupla remuneração nerarrangements), e dois padrões onde apenas um dos dois parceiros está em emprego remunerado (pesquisador ou parceiro). No entanto, a disseminação desse padrão entrelaçado é chen profissional e fases familiares assim como entre cientistas e Mulheres cientistas distribuídas "desigualmente".

Parcerias com dois ganhadores colocar para cientistas o representam a maioria dos padrões de interdependência em todas as fases profissionais e familiares, enquanto entre seus colegas do sexo masculino elas são um pouco menos frequentes e de acordo com nascimento do primeiro filho estavam em pé de igualdade com o padrão de provedor único. Também por causa de nosso população de estudo – científico funcionários

– o não emprego (temporário) dos cientistas foi relativo raramente, mas em duas fases da vida, especialmente em mulheres cientistas para para encontrar: em o fase de doutorado e depois o aniversário de primeiro criança

Arranjos de emaranhamento no curso do par

des. O único emprego do cientista, por outro lado, veio em todas as fases, mas foi mais comum em cientistas do sexo masculino no fase de doutorado e antes tudo depois o aniversário de primeiro criança para. EmEm todas as fases profissionais e familiares houve, portanto, oportunidades típicas de gênero para certos padrões de interdependência, bem como para mudanças na interdependência após o doutorado ou o nascimento do primeiro filho.

Deve-se enfatizar que essa distribuição típica de gênero de modelos de ganhador único, único e duplo *não é* um "desatualizado" Fenômeno que principalmente os cientistas das coortes graduadas mais velhas. Justamente a expectativa de um emendar semelhança entre cientistas e cientistas o mais jovem coorte de graduação poderia não confirmado tornar-se. Bastante no Ao lado: Tanto para a fase de doutorado como para a fase posterior aniversário de primeiro criança deu isto no o graduados o mais jovem Coorte ainda uma probabilidade maior para o sexo específico Praticar padrões de provedor único. As descobertas para o cientistas do sexo masculino sugerem que as condições para dupla arranjos de pelve deteriorado ter. ressuscitado Requisitos aos cientistas - como uma maior relevância na carreira de terceiros angariação de fundos, publicações em falando inglês revistas (ver. mastigar 2006) e fica no exterior – amarrado junto com um avançar Precariedade da faculdade científica média (cf. Gülker 2010). por um lado, o risco de um padrão de trabalho único (por exemplo, devido a eng pausas na carreira) aumentar, por outro lado mas também o um padrão de ganhador único ao tentar lidar com a inatividade o parceiro o uso flexível sob constante comprovação do conhecimento Schafters permitir.

Nesse sentido, também deve ser enfatizado que Arranjos genéticos de duplo ganhador são comparativamente arriscados ou instáveis são. Isso é especialmente verdadeiro nas parcerias de cientistas do sexo masculino para determinar. Após o doutorado dos cientistas com um antes cientificamente homogêneo padrão de ganhador duplo era um não emprego de longo prazo com os parceiros dos cientistas dobro então provavelmente Como no o parceiros o cientistas. No último encontrado em vez de a Mudança de ocupação como não-emprego em vez de. dado nosso população de estudo, em o apenas sob o Parceiros podem ser encontrados pessoas que deixaram a ciência, é por essa sair que o aqui apresentado Resultados o saídadas mulheres na ciência mesmo subestimar.

No entanto, os resultados também mostram uma clara estabilidade das interdependências padrões de desenvolvimento nas fases profissional e familiar. Depois da promoção ção e após o nascimento do primeiro filho (ocupação heterogênea ou. cientificamente homogênea) padrão de ganhador duplo antes tudo no aqueles para encontrar casais que já tenham tais padrões de entrelaçamento nas fases antes. Os "pontos" para o entrelaçamento de histórias de trabalho em Assim, as parcerias foram estabelecidas no início da carreira. isto se aplica mas também para cientistas do sexo masculino e seus parceiros por conta própria padrão de assalariado: Eles também tinham uma alta probabilidade de eles continuam esse padrão em fases posteriores da vida. Por outro lado tendem a adotar o padrão de um único ganhador entre os cientistas e seus parceiros arranjo temporário 26_ –

Finalmente é enfatizar que Parcerias com dois ganhadores são muito comuns e entre os cientistas também após o nascimento do primeiro filho representam o padrão majoritário de interdependência. no entanto é um mito que os casais acadêmicos geralmente ganham duas pessoas. Mesmo entre as mulheres cientistas – um grupo positivamente selecionado – mostra interrupções de longo prazo (!) O fenômeno é ainda mais subestimados ao considerar os arranjos de seus colegas do sexo masculino ou dos sócios dos colegas considerados. Isso significa a promoção de proporção de mulheres na ciência precisa de uma clara melhoria o condições Gerais para casais com dupla renda, e esse já em mais cedo fases da carreira (promocional e fase de pós-doutorado), bem como para um Retorno ao trabalho em geral e à ciência especial.

---

26 Uma vez que as mulheres (e homens) que fazem ciência devido ao seu próprio não-emprego mas não vivem em parceria com um cientista, não estão incluídos em nossa amostra, a propagação do nerpatterns subestimado.

3. Carreira com uma criança na ciência - Reivindicação igualitária e realidade tradicional de arranjos de cuidados familiares bem-sucedido Mulheres e seus parceiros

3.1 Filho com barreira de carreira?

"Oh, Sra. Neubert, você ainda está na ciência? Você tem dois agora Crianças." (Professor, três filhos)

A ciência representa um campo profissional em que as mulheres com filhos em posições de liderança são raras. Apenas a cada terceiro a quinto professor sorin, mas mais de um segundo professor tem um ou mais filhos (cf. linda 2008; Metz-Göckel/Selent/Schuermann 2010). Em conexão com o Perguntar depois oportunidades de carreira de alto qualificado Mulheres torna-se o Ter filhos ainda é o "obstáculo número um para as carreiras" discutido. Neste capítulo, queremos abordar especificamente a questão de qual influência dos filhos no desenvolvimento da carreira das mulheres na ciência ter.

Universidades e faculdades são um campo de atividade no qual aqueles sucesso para quem baseia toda a sua vida na ciência e pesquisa (cf. Engler 2001). Uma carreira científica ré é em o Regra com um alto pessoal Missão assim como longo horas de trabalho e longas fases de qualificação (cf. Beaufays 2005). As características clássicas da atividade profissional como Os cientistas correspondem àqueles em muitos aspectos outras profissões acadêmicas com áreas de responsabilidade independentes e tarefas de gestão: Disponibilidade de tempo elevada e flexível requisitos de habilidade (no o dia, semanalmente e tempo de trabalho anual) assim como altas demandas de mobilidade geográfica. Adicionado a isso uma carreira na ciência por um longo período de tempo não seguro perspectiva de emprego ofertas. no entanto é um ligeira tendência torna-se perceptível a conhecida imagem de mulheres cientistas sem filhos: O Parte doutorado Mulheres com crianças e doutorado Mulheres sem

Crianças em cargos de liderança são iguais dentro e fora da academia alta (cf. Schubert/Engelage 2010), e professoras com filhos uma família mais cedo na vida do que seus colegas mais velhos (cf. Zimmer/Krimmer/Stallmann 2007). Um olhar mais atento às mulheres que estão seguindo uma carreira científica com uma criança mostra que eles muitas vezes não têm o número desejado de filhos porque nascem ao nascer diversos Crianças negativo consequências para dela carreiras científicas antecipar. Também tesouro cientistas dela profissional Futuro bastante pessimista, embora sejam fundamentais para sua profissão conceder e nisso um atraente perspectiva de carreira ver (ver. linda 2008). Em geral, mulheres altamente qualificadas com famílias devem metade da ciência com desvantagens em termos de mobilidade profissional e aceitar a perda de renda associada (cf. Schu- bert/Engelage 2010).

As desvantagens de carreira das mulheres na ciência descritas aqui no entanto, não volte a constituir uma família per se, mas ao com o puericultura relacionado profissional Restrições, Como vários meses de pausas na carreira, jornada de trabalho reduzida, menor Horários de atendimento ou restrição de mobilidade espacial, como novos resultados da pesquisa mostrar (ver. Metz-Göckel/Selent/Schuermann 2010). Especialmente no primeiro ano de vida, mas também mais tarde, A maioria das mulheres aprende a responsabilidade principal de cuidar de seus filhos (cf. Hess/Rusconi/Solga 2011a). Os seus homólogos masculinos têm mais frequentemente Parceiros, o não ou apenas emprego limitado são, para que mais frequentemente "as costas são mantidas livres" para suas carreiras (cf. Hess/ Russoni 2010). Mulheres cientistas só compartilham informações em casos raros seu parceiros o deveres de cuidado já no primeiro idade de criança (quase) igualmente. Uma creche exclusiva através do parceiro muitas vezes não vem nem para as mulheres nem para os homens em consideração. [1] Mulheres cientistas são, portanto – como outras (empregadas) ge) As mulheres também – com expectativas sociais específicas de coragem confrontado. Os "apelos à maternidade", ou seja, a científico expectativa no Mulheres em moderno empresas, ao lado de o emprego remunerado para provar a si mesmo como mãe (cf. Correll 2010), em desacordo com o foco forte e abrangente em ção de carreiras profissionais (cf. Reichart/Chesley/Moen 2007).

Até agora, pouco se sabe sobre como mulheres cientistas sem carreira dobrar dela carreiras com crianças continuar pode. O depoimento

---

[1] análises mostrou que incluído muitas vezes estereótipos normativo expectativas no paternidade em publicado, e se os parceiros trabalham como cientistas, Ciência construída por seus parceiros como uma profissão com flexibilidade espaço-temporal que, ao contrário de outras relações de trabalho, é baseada em escolhas livremente jornada de trabalho o Cuidado de crianças permite (ver. Hess/Rusconi 2010).

Carreira com uma criança na ciência

te muitos cientistas com crianças) mostrar, que esse tudo outronaturalmente (cf. Biller-Andorno et al. 2005). quão alto mulheres qualificadas também seguem suas carreiras com filhos – às vezes em maneiras diferentes – mostra o estudo de Walther e Schaeffer-Hegel (2007) para carreiras não acadêmicas. Geralmente Eles descobrem que mulheres altamente qualificadas tendem a criar seus filhos chegar mais tarde na vida, com a escolha do momento não segue um padrão consistente e não há um ponto ideal no tempo pode ser determinada subjetivamente ou objetivamente. No entanto, os autores podem identificar alguns dos fatores de sucesso que tornam possível a carreira profissional com filhos chen. Por um lado, este é o comportamento das mulheres, que se reflete na mula mais claro Metas, o abrir Digitar para o ter Interesses e caracterizam a por vezes alta resiliência. Por outro lado, confirmam autores que o direto reentrada depois a licença maternidade ou após uma interrupção de no máximo seis meses e a possibilidade habilidade para o flexível Trabalhar mais barato é para o profissional Sucesso de Mulheres como pausas de carreira de longo prazo ou empregos de meio período gen. No entanto, apenas as mulheres podem estar empregadas de forma contínua e plena se ter a certeza de que seus filhos serão cuidados (em alto nível) é garantido. De acordo com Walter e Scheffer-Hegel, isso geralmente define um Combinação de creches públicas ou corporativas com serviços adicionais lich Privado financiado puericultura antecipadamente. Não durar provar em si o apoio do parceiro "de fundamental importância para o reconciliação bem-sucedida de filhos e carreira" (Walther/Schaeffer- Hegel 2007: 19). Parceiros que dividem o cuidado dos filhos com suas esposas compartilham, apoiam as carreiras de suas esposas não apenas na prática, mas também imateriais e representam um fortalecimento moral para os cientistas dar.

Até que ponto esses resultados afetam as carreiras das mulheres cientistas são transferíveis ainda não foi adequadamente pesquisado. Nós apenas começamos a saber como as carreiras de mulheres com famílias se desenvolvem na ciência (cf. capítulos 2 e 5 deste livro). O que ainda não está claro é qual parceria os processos de negociação estão por trás dos cuidados infantis realizados os rangements escondem e até que ponto eles afetam as carreiras dos cientistas calhas de influência. Ambos são o assunto deste artigo. Estavam indo assumir que, para mulheres e homens empregados altamente qualificados que viver como casal na mesma casa e ter filhos, convencional todas as *considerações econômicas de custo-benefício da família* (cf. Becker 1991) apenas muito limitado ao desgaste vir. Eles têm uma especialização o parceiro é menos (menos) atraente devido a um emprego remunerado *ou trabalho doméstico*os altos investimentos educacionais de ambos os parceiros ou esta especialização torna-se, por exemplo, B. também não aplicável devido a diferenças menores de renda se esforça. Simultaneamente ter outro econômico explicações Como o *modelo de negociação de recursos* (cf. Ott 2001) um certo poder explicativo para a divisão dos cuidados infantis, desde que as expectativas sociais genes e padrões estão incluídos. Esta abordagem leva o relativo poder de negociação entre o parceiros antes o começando uma família como ponto de partida para decidir como o cuidado infantil deve ser entre os dois sócios. A partir desta base baseado o tomando uma decisão sobre racional considerações o Parceiro. Eles também agem em antecipação às futuras oportunidades do mercado de trabalho e con- ofertas concretas de emprego cuja interrupção da carreira seja menos grave tem um efeito negativo no retorno ao trabalho (cf. Pfahl/Reuyß 2009). As expectativas de superiores e colegas definitivamente desempenham um papel aqui um papel importante. O fato de que tende a ser o altamente qualificado As mulheres, e não seus parceiros, tiram licença parental, pode ser explicado com isso que os casais devem ser encorajados ou sancionados para começar uma família através o Empregador para Mulheres e Homens diferente avaliar. Eles então decidem, apesar dos investimentos igualmente altos em educação para a mulher tirar licença parental. Essa tomada de decisão por um lado devido à idade frequentemente mais jovem da mulher (em comparação com direto para seu parceiro) e seu cardio, portanto, não tão avançado por outro lado devido a processos de segregação no mercado de trabalho as mulheres são mais propensas a trabalhar em empregos com menos oportunidades de progresso oferecer (cf. Rusconi/Solga 2008).

Com referência a fazer abordagens de gênero, a desigualdade de gênero deve unidades, que são gerados e reproduzidos nas ações dos casais, mas também sobre cultural crenças o participantes, Como por exemplo B. mudado ideais de amor romântico (cf. Herma 2009). Assim, as decisões de curso de vida cada vez mais orientadas para a carreira de mulheres com parceiros altamente qualificados e bem remunerados compreensível (ver. Gildemeister/Robert 2008). Fora de esse perspectiva torna-se a proporção crescente de homens que têm de cuidar dos filhos presentes assumir e limitar suas horas de trabalho compreensível.

As características centrais de uma carreira acadêmica, como a alta eletividade, baixo nível de previsibilidade e alto nível de insegurança profissional obtenção do cargo de professor, sugerem que *riscos biográficos excessivos , como começar* uma família em um momento posterior no curso da vida ou a progressão na carreira pode ser adiada. Ao atingir um sólido posição e a conseqüente consolidação do Se você se atrasar, começar uma família pode ser menos arriscado para você maior progressão na carreira. Do ponto de vista do curso de vida, parece oportunidades de carreira para as mulheres na ciência são, portanto, mais favoráveis se a transição para a paternidade no Histórico feito mais tarde.

3.2 *pergunta _ e método*

Tendo como pano de fundo essas considerações e os resultados do Em termos de pesquisa, este artigo aborda duas questões de pesquisa: primeiro torna-se examinado, quais estratégias cientistas com criança(s) para desenvolver a busca de suas carreiras e quais arranjos de tutoria relacionamentos (com seus parceiros) podem ser encontrados ao iniciar uma família. No- Por fim, examina-se o que influencia as soluções da puericultura sobre as oportunidades de carreira de mulheres cientistas. Como parte de esse O foco deste artigo está nas diferenças entre o conhecimento mulheres com e sem carreira. Com esta abordagem podemos Cientistas do sexo feminino nos níveis de carreira abaixo da cátedra em nosso re incluir análises e descobertas que anteriormente apenas para professoras modelos, complemento. Condições de sucesso para a realização da família e as carreiras científicas para as mulheres podem, assim, ser mais apropriadamente mostrar.

uma *família* significa o *nascimento do primeiro filho* o. No entanto, também incluímos crianças não biológicas nascidas no moravam na mesma casa. Começar uma família é, portanto, um importante Ges evento biográfico, pois com o nascimento do primeiro filho para os pais aos compromissos profissionais e privados já existentes, novos adicione tarefas demoradas. Em contraste com isso, resumimos o Nascimento(s) de todas as outras crianças como uma extensão da família, que, no entanto, apenas secundário levar em conta pode. Porque cientistas e dela Os parceiros concordam com as estratégias e organização das crianças Cuidado diferenciar, desenvolver diferente benéfico (ou. desvantajosas) condições de realização para suas carreiras após a família fundação.

Em nossas análises, o *conceito de carreira é utilizado*

em seu sentido formal ção usada na ciência: definimos que uma pessoa é um tem uma carreira se ela concluir seu doutorado em seis anos e metade de 16 anos completou sua habilitação e um adequado ocupa um cargo profissional. Nas ciências técnicas, nas quais são realizados com menos frequência, a assunção de tarefas de gestão ser usado como um critério equivalente para uma carreira (cf. Capítulo 1 deste Um livro).

Por *estratégia* entendemos a maneira pela qual os indivíduos perseguição de mirar e Desejar agir. estratégias ter um dimensão normativa que pode ser reconstruída quando os parceiros expressam suas cal e idéias sobre emprego remunerado e paternidade. Assumimos que as estratégias envolvem agir em diferentes contextos. textos e, portanto, também dirigidos aos cientistas insensível e social expectativas ser e processo. Estrategicamente agir
significa agir intencionalmente em direção a um objetivo, mas não em estreita agir de maneira calculista. Isso significa que os atores não agem com instrumentos mentalmente em direção a apenas um objetivo parcial e podem, portanto, desenvolver suas próprias estratégias também "sucumbir". [2] Nessa medida ter o estratégias o casais com referência a deles profissional Desenvolvimento assim como o parceria e Família a fortalecer influência sobre o projeto real de puericultura.

Ao organizar o cuidado infantil, diferenciamos *entre casais Providências de cuidados* a partir dos *serviços de cuidados prestados por terceiros* . antigo significa a divisão da responsabilidade pelas tarefas de cuidado entre os parceiros e a implementação dessas responsabilidades na vida cotidiana. pegue isso voltamos às tipificações ideais dos arranjos assistenciais: Em um *arranjo tradicional de cuidado,* a mulher assume o papel principal responsabilidade pelo cuidado da criança. Em um *tradicional reverso len cuidado arranjo* é o homem. De forma *igualitária despir* dividir em si ambos parceiro o deveres de cuidado igual gentilmente. O ambos primeiro lugar então em demarcação ao igualitário arranjos de cuidado representam arranjos hierárquicos de casal (cf. Rusconi/ Solga 2008). O suporte de terceiros significa o uso de Instalações de acolhimento, amas ou envolvimento de pessoas das redes privadas para a creche. Ambos os aspectos, o emparelhado arranjo de cuidados internos e cuidados externos trabalham juntos, desde a terceirização do trabalho de cuidado por uma ou ambas as partes melhor organizado deve se tornar.

Para nossa análise, métodos quantitativos e qualitativos são usados enlatado. No *primeiro Etapa* torna-se a curto visão geral sobre isso dado, Quem dos cientistas em parcerias acadêmicas uma família estabelece quando isso geralmente ocorre e quantas crianças nascem. A população de estudo para esta e outras análises quantitativas lise consiste fora de o questionado cientistas (pessoas-alvo) com filhos biológicos ou crianças que viveram na mesma casa desde o nascimento apenas vivido. Esse e todos seguindo descritivo avaliações tornou-se ponderados em termos de disciplinas e níveis de carreira, de modo que o plano sempre o mesmo frequentemente São representados.

Na *segunda etapa* , focamos nas estratégias de suporte do cientistas e seus parceiros. A base para esta avaliação 17 entrevistas centradas em problemas com mulheres cientistas formam o próximo passo com a(s) criança(s) e onze entrevistas problematizadoras com seus parceiros. Todos aqui mostrando casos ter para o hora da entrevista pelo menos a pessoal

2   Casos limítrofes de ação também são concebíveis, os quais, com Weber (1992 [1919]) como ação ativa ou tradicional pode ser descrita. Na ação tradicional não mais reconhecer uma orientação para os próprios objetivos; ou seja, o social Obrigação prevalece.

Carreira com uma criança na ciência

filho de ches. [3] As entrevistas foram conduzidas usando o método estruturado de processo dez comparação de tópicos avaliado (ver. piada 2000). O testemunhar o Os entrevistados sobre áreas de assunto individuais e o design das crianças arranjos de cuidados tornou-se analítico de conteúdo gravado (ver. Mayring 2000), então condensadas em todos os casos e contrastadas entre si. Em atalho com o quantitativo distribuição o diferente Acordos de apoio para cientistas e seus parceiros são discutidos vamos explorar a importância desses arranjos para carreiras profissionais por mulheres. Nas representações com perspectiva de corte longitudinal, referimo-nos concentrar-se principalmente em três pontos no tempo ou períodos de tempo: o primeiro ano da criança, seu segundo e terceiro ano de vida e seu quarto a sexto ano de vida. O foco de nossas considerações está equiparadas por mulheres cientistas com e sem sucesso na carreira *ao Inter- tempo de visualização* . Sobre isso fora levar em conta nós também o macho Os cientistas, uma vez que estes servem de referência para o contexto de alta escola importante são.

Na *terceira* etapa, usamos métodos multivariados para verificar quais fluxo o arranjos de cuidados para o primeiro criança nele ter, se especialmente as mulheres nos vários momentos após a família fundada de acordo com especificações objetivas têm carreiras em ciência ou não. Na sequência das considerações longitudinais nas descrições a análise é realizada com modelos de regressão para dados em painel, para investigar os efeitos dos vários fatores de influência ao longo do tempo chen. [4]

3   De acordo com a definição de carreira (ver acima), 13 dessas mulheres têm carreira da empresa. Depois de começar uma família, essas mulheres eram capazes de continuar com sucesso sua carreira (ou seja, um ano, três e seis anos após a família fundação *e* no momento da entrevista) ou tinham pelo menos seis anos após a Começar uma família ou sucesso na ciência no momento da entrevista. Mais quatro Mulheres sem carreira são usadas como casos de comparação; depois de terem uma família, eles estabelecimento e até para o hora da entrevista contínuo não Carreira.

4   Para isso usamos modelos de efeitos aleatórios logísticos. Nela, o termo de erro em dividida em dois componentes. Um componente é um termo de erro constante de tempo entre varia entre as unidades de estudo. Mostra o desvio médio de um pessoa para a média da amostra no. O segundo componente é a termo de erro, o tanto entre as unidades de investigação como entre o tempo de observação pontuação varia. O é o real erro de medição (ver. Rabe-Hesketh/Skrondal 2005). Variáveis de influência constante de tempo também podem ser levadas em consideração com modelos de efeitos aleatórios. genes que são relevantes em nossas análises. Isso inclui, por exemplo, B. a constelação de idade no parceria ou o status de emprego do parceiro antes de começar uma família como um nalização o posição de negociação ou o pertencente para um grupo de assuntos.

3.3 Carreiras científicas de mulheres em parceria com criança

"Se EU Pela manhã em volta oito aqui sou, então sou EU um e meio Horas longo o Apenas, e quando eu sair às cinco, haverá algum comentário." (Juniorprofessorina, uma criança)

3.3.1 Quem tem Crianças, Quando e Como muitos?

A Tabela 3.1 fornece uma visão geral de alguns indicadores demográficos A formação familiar dos cientistas, a que nos referiremos a seguir para o Papel relacionar. Para o ações no Pais sob cientistas no geral, nossa amostra mostra o mesmo de pesquisas anteriores Imagem familiar: cientistas do sexo feminino tinham menos no momento da entrevista crianças do que os seus homólogos masculinos. Professores do sexo feminino em particular (61%) têm significativamente menos filhos do que professores (85%), [5] enquanto o diferenças entre os sexos nos níveis de carreira abaixo do Professorado menos pronunciado são.

cientistas com Família ter no mais comum dois Crianças (46%). No entanto ter cientistas mais frequentemente como dela macho Colegas apenas um filho. Essa diferença é novamente com os professores particularmente impressionante: enquanto 41% das mães entre as professoras apenas uma ter filho, isso se aplica apenas a 21% dos pais entre os professores. Para mulheres é a concretização do sucesso familiar e profissional, principalmente estão em uma posição de destaque na ciência, ou seja, mais difícil do que para os homens ner.

cientistas são no o começando uma família no Média algo mais jovem como dela macho Colegas (30,7 ou. 32 Anos). Esse A diferença de idade corresponde aproximadamente à dos altamente qualificados em geral média (29,3 ou 31 anos; Federal Center for Health Education ção 2005: 7). A idade média dos acadêmicos em Aka- demikerpartnerships, por outro lado, é ligeiramente maior do que em geral para mulheres e homens com diploma universitário. Para estudar a influência de começando uma família sobre o oportunidades de carreira, no entanto, é instrutivo Querida, isso não idade, mas isso tempo do relacionado a começar uma família sobre

---

5 Em outros estudos, as professoras têm ainda menos filhos (cf. Zimmer/Krimmer/ Stallmann 2007). Esta discrepância pode estar relacionada com a de nós professores pesquisados são relativamente jovens em média e as gerações mais novas têm filhos com mais frequência do que as mais velhas (cf. também Metz-Göckel/Selent/ Schuermann 2010). Um avançar Explicação para o alto proporção de professoras com a(s) criança(s) pode(m) estar em maior disposição para responder devido a uma maior interesse no Tema de projeto.

olhar para a qualificação académica e progressão na carreira. Incluído pode-se dizer que metade dos cientistas tem seu primeiro filho nascido antes da formatura e a outra metade após a formatura tornou-se. Para uma parte não desprezível dos cientistas, a Nascimento do primeiro filho antes mesmo do primeiro grau académico (11%). No entanto, existem diferenças no momento de iniciar uma família Dependendo do nível de carreira: Para professores e pós-doutorandos (a partir de três anos após o doutorado), constituir família foi mais frequente no período após o Doutoramento (60%), enquanto doutorandos e pós-doutorandos (até três anos após o doutorado) foi antes do doutorado (82%). este sub A diferença se deve à interação de dois aspectos: primeiro dezenas, carreiras em ciências acontecem por meio de processos seletivos que os cientistas menos avançados ainda têm que ficar em pé. Em segundo lugar, o tempo anterior mencionado acima do controle parental haste no aos cientistas mais jovens.

A transição para a paternidade não é acidental para os cientistas, mas principalmente um assunto altamente planejado. O claro aumento maioria dos cientistas (72%) afirmou que o ponto no tempo para o o nascimento de seu primeiro filho foi planejado. No entanto, a profissão está em ção esse privado Decisão não em cada caso no primeiro Trabalho. Profissão-Considerações técnicas só desempenharam um papel aqui para 23% dos cientistas um papel importante ou muito importante.

Ir além da diferenciação usual de acordo com os níveis de carreira e olha para as mulheres com e sem sucesso na ciência No momento da entrevista, verifica-se que as mulheres com sucesso têm ainda menos probabilidade de ter filhos têm (44%) do que o grupo de professoras. Dessas mães com Sucesso na carreira, quase metade tem apenas um filho (48%) e descobriu Na maioria dos casos, suas famílias não deixaram suas famílias até depois de obterem o doutorado (55%). Para o A situação familiar muda para as mulheres que não têm sucesso na ciência significativamente diferente. Uma proporção surpreendentemente maior deles tem filhos (83%), e o mães sem sucesso na carreira ter menos comum apenas a criança (26%), ou seja eles geralmente têm dois ou mais filhos. Esses cientistas também começaram suas famílias mais frequentemente já antes o doutorado (59%).

As diferenças na situação familiar entre mulheres com e sem O sucesso na ciência não pode ser explicado pelo fato de que menos bem-sucedido cientistas no intenções de carreira ausente e *é por isso que eles* têm filhos com mais frequência. Porque acontece que o pro-

mulheres cientistas com filho(s) promovidas significativamente mais frequentemente com determinação querem permanecer na academia do que sem filhos (77 e 63%, respectivamente). Aqueles *com filho(s)* são muito menos propensos a seguir uma carreira com sucesso do que os *sem filho(s)* (51 e 82% respectivamente). Além disso, pode-se observar que mulheres cientistas com carreira de sucesso aceleram a constituição de uma família rär ou adiar completamente. Limitam o número de filhos que têm ou adiam começando sua família. Porque para as mulheres cientistas com doutorado mostra que os anteriormente sem filhos, mas bem-sucedidos entre eles no plural deles desejo de ter filhos ainda não percebi (80%), mas apenas uma proporção de shopping em si não quer filhos (20%).

3.3.2 *(Não mais correto Tempo?*

As interpretações subjetivas dos cientistas também mostram que a carreira científica é percebida como um caminho profissional que são impedidos por interrupções relacionadas à família ou horas de trabalho reduzidas são. Todas as mulheres cientistas entrevistadas com filho(s) relatam Preocupações sobre o "momento certo" para constituir família. O cunhado consciência para negativo Seguir no Profissão e o Temer antes um

"Revezes na carreira" depois de começar uma família levam muitas mulheres a auto o Responsabilidade para o sucesso deles carreiras atribuir.A reivindicação das mulheres de serem responsáveis por suas próprias carreiras ato leva os cientistas a tentar dar à luz planejar seus filhos com precisão e com frequência para um futuro, profissionalmente mais patibler tempo adiar. A menos planejamento Agir no texto con o planejamento familiar torna-se de o respondentes como "irresponsável"percebido.

O central motivação para o indulto o começando uma família é o desejo de primeiro (pelo menos) terminar o doutorado, que é o ler passo na carreira o científico carreira percebido torna-se (consulte a Seção 3.1). 6 A perspectiva de um emprego razoavelmente seguro lich Perspectiva, o em o Ciência primeiro para um comparativamente alcançado em um ponto tardio no tempo é considerado um motivo adicional para aconselhados a esperar antes de começar uma família. Além do seu próprio profissional Progredir e ter segurança financeira também são importantes para muitos Mulheres importante na preparação para constituir família, podendo os cônjuges viver e *trabalhar* no mesmo local. está morando junto no mesmo não é possível em um lugar sem fazer (grandes) compromissos profissionais, há uma maioria de um adiamento do desejo de ter filhos e/ou renúncia a filhos. Fica muito claro que o discussão sobre o "momento certo" para o nascimento, um alto nível emocional fardo para os cientistas (mais do que para os seus parceiros ne). Eles tentam, por assim dizer, fechar a lacuna entre diferentes lógicas institucionais de atuação da carreira profissional e da família para ponte. O absurdo dessa família de planejamento racional retirou eventos reflete em si não apenas em o Temer antes profissional desvantagens, mas também em o medo por paternidade impedida contrário.

Tendo como pano de fundo os resultados quantitativos e qualitativos que junto sobre o enorme dificuldades indicar com aqueles Conhecimento-trabalhadores em volta em volta o começando uma família confrontado são, juiz nós em o seguindo três Seções o Visualizar sobre o cientistas e seus parceiros: Quais são as estratégias que os cientistas estão tentando usar? e seus companheiros os requisitos profissionais e familiares de acordo com o fazer justiça a começar uma família?

3.3.3 *Se não ela, então ele? estratégias de cuidado de Mulheres*

"Ele nunca foi perguntado: 'Cara, como você está? E como ela lida com isso? Até ainda cientista e agora Mãe. EU tornou-se uma vez em o Semana perguntado: Como ele lida com isso? Cara, ele aguenta mesmo? Ele já tem retirada aparições?" (Científico empregado, um filho)

O Escopo, com para o o cientistas e dela parceiro em o estão envolvidos no cuidado das crianças no primeiro ano de vida, deixa três diferentes estratégias de mulheres cientistas para reconciliar crianças e reconhecer a carreira.

---

6   como alternativa torna-se de alguns Mulheres também chamado, Crianças possível cedo, ou seja H. antes Diploma de estudar obter.

O *primeiro grupo* inclui mulheres cientistas que não têm uma visão igualitária compartilhamento de seus parceiros no cuidado dos filhos no primeiro ano de vida esperam e não os exigem de forma alguma ou apenas de forma muito limitada. O estratégia esse Mulheres marcas em si muito mais através disso, que ela o perseguição deles profissional Metas para fazer backup tentar, no qual ela o cuidando de seus filhos – e sem o apoio de seus parceiros – assumir. majoritariamente entender ela incluído sobre o Apoiar de terceiro

ou seja, creches, amas e/ou virou, retornar. O único assumir o responsabilidade primária o O cuidado da criança é justificado por argumentos biológicos, assim Amamentação como motivo obrigatório da presença da mulher, ou com o condições e valores econômicos, que são particularmente importantes para as mulheres de coortes mais velhas não pode ser questionada em sua normatividade (poderia dez). Aquilo é pegar em si o cientistas atravessar de seu parceiros no campo profissional como iguais, para a vida familiar a diferença é No entanto, a diferença entre mulheres e homens é constitutiva. Mesmo com conhecimento trabalhadores esse Grupo, o mais jovem coortes pertencer, é aplicável o principal responsável assumir o puericultura como um auto- firmeza. Apesar disso diferenciar em si o interpretações o Mulheres o coortes mais velhas e mais jovens: as mulheres das coortes mais *velhas* (em retrospectiva) devido ao quadro social nada diferente de assumir a responsabilidade principal de cuidar dos filhos homens, e assim tentavam evitar conflitos com suas parceiras que não sentiam que era seu dever cuidar de seus filhos As mulheres das coortes mais jovens, por outro lado, não *aceitariam* de outra maneira. Ela afirmam que é seu desejo explícito, as crianças comuns principalmente auto para cuidar. Particularmente no primeiro idade de criança aceitar eles limitaram o envolvimento de seus parceiros nos cuidados infantis Sábios e rejeitam ofertas de seus parceiros para cuidar de crianças participar, para o parte fora.

A estratégia de apoio dos cientistas desta primeira mão grupo consiste, dentro do gênero tradicional divisão de trabalho no puericultura depois soluções procurar qual seguindo suas carreiras profissionais depois de começar uma família permitir. Usando estratégias sofisticadas de cuidado e o suporte terceiros, essas mulheres cientistas garantem seu avanço profissional homens. Somente quando as ideias normativas (de cuidar da criança pelos próprios pais, ou seja, em particular as mães) aplicação no Encontrar formas de organizar o dia a dia familiar e ao mesmo tempo o próprio profissional As ambições são reduzidas, são as carreiras das mulheres cientistas para o Papel ameaçadas de extinção. [7] é marcante, que o legitimidade diversa para o

---

7   Isso foi demonstrado por uma comparação com
    mulheres que não tiveram (mais) uma carreira depois
    de constituir família. ter. Para esse cientistas sem
    profissional Sucesso mostrou em si, que o realista
    suprimento principal o Crianças através o Mulheres em
    particular no Conhecimento-mulheres cientistas podem
    ser encontradas nas ciências técnicas e naturais (para
    orientações de carreira ver capítulo 4 em esse Um
    livro).
    Para os cientistas do *segundo* e *terceiro grupos,* o
    Apoiar o parceiro discursivamente desempenha um
    papel   importante   no   enfrentamento   requisitos
    familiares e profissionais após constituir família. O A
    questão do cuidado dos filhos ocupa muito espaço com
    essas mulheres comunicação com o parceiro. É cuidar
    da família para não permitir que qualquer "assimetria"
    se desenvolva na parceria. Compartilhar o trabalho de
    tutoria é importante para esses cientistas aspecto
    importante da simetria desejada na relação conjugal.
    Normativo a igualdade de gênero não é discutida aqui
    apenas na vida profissional, em vez de também no vida
    familiar saiu. Um igualitário família divisão de trabalho
    torna-se   em   Relação   sobre   o   profissional
    Desenvolvimento o Mulheresbem como na importância
    para a parceria e a relação pai-filho considerado
    importante. O ponto central é que a puericultura
    independe de todo saber mulheres trabalhadoras é
    geralmente percebida como um obstáculo profissional e
    o emprego remunerado no muitos como "o menos
    exaustivo" é aplicável. O expectativa de igualdade esse
    cientistas dirige conseqüentemente para cima o
    relacionamento pessoal *de ambos* os parceiros com os
    deles criança e entre si.
    No entanto, uma análise precisa mostra que a estratégia

é sobre a participação de seus parceiros no cuidado de crianças, sua condição profissional e familiar Para garantir o mesmo depois de começar uma família, para o conhecimento científico o segundo grupo no primeiro ano de vida da criança apenas de forma muito limitada sobe. Na verdade, as mulheres assumem mais responsabilidades de cuidado do que as suas Parceiro. O apoio do parceiro para cuidar de crianças pode ser descrito como mais simbólico Contribuição caracterizar, Como por exemplo B. o assumir de dois "meses do pai" ou intervir em "emergências". Apesar da desigualdade distribuição de licença parental ou redução do horário de trabalho, igual expectativas de saúde no o parceiro discursivo manter. O Conhecimento- cientistas desenvolvem uma variedade de estratégias de legitimação a fim de gene Missão deles parceiro e o discrepância entre o formulado expectativas e o gênero típico divisão de trabalho no família área para justificar. Além de argumentos biológicos, como os são formulados para as mulheres do primeiro grupo, as mulheres argumentam este grupo adicionalmente com a lógica diferente do campo profissional deles Parceiro. O científico Profissão é aplicável por causa de dele espacial temporal supostamente mais flexível oportunidades de emprego como único, o poderia ser melhor conciliado com o cuidado das crianças, para que estas gabe em parcerias em que o parceiro fora da ciência está ocupado o cientistas cai para (ver. Hess/Rusconi 2010).

---

ização tradicional arranjos de cuidados no simultâneo redução profissional ambições para o profissional Desenvolvimento de Desvantagem é.

Ao contrário das mulheres do primeiro grupo, que não tentam para envolvê-los no cuidado de seus filhos, eles relatam Cientistas do segundo grupo de negociações conflituosas com seus parceiros. O desejo de igualdade com o parceiro não é apenas no profissional Área, em vez de também em o Família pistas além disso, que estas mulheres só organizam o apoio de terceiros numa fase tardia – muitas vezes depois que eles perceberam "dolorosamente" que seus parceiros não têm o desejado assumir a maior parte das tarefas de cuidado. Embora isso signifique que carreiras profissionais não estão diretamente ameaçadas, mas as negociações com esses cientistas custam ao parceiro muito tempo e energia. Para dois- O primeiro grupo consiste principalmente de mulheres cientistas naturais e sociais, com é impressionante que muitos de seus parceiros estejam fora da ciência estão ativos.

Finalmente pode o cientistas o *terceiro grupo* dela Expectativas de igualdade no trabalho *e* na família com seus parceiros realmente implemento. Ou ambos gozam igualmente da licença parental, ou os parceiros usar o mesmo após uma licença parental muito curta das mulheres cientistas Responsabilidade para o Puericultura. É esta última o Caso, ou seja ir os próprios parceiros não estão em licença parental, reduzem o horário de trabalho para eles assistência infantil e/ou fazer acordos com o empregador que isto permitir, que ela acima especial períodos para o puericultura capaz de trabalhar em horários flexíveis. Embora (do ponto de vista do Empregadores) podem certamente fazer a diferença que as mulheres tendem a licença parental e os homens são mais propensos a tirar proveito de modelos de horário de trabalho flexível homens, a distribuição das tarefas de cuidado é compartilhada pelos casais mesa percebida. A igualdade percebida com o parceiro é através apoia uma cultura aberta de discussão, na qual o equilíbrio perfeito entre emprego remunerado e responsabilidades familiares *para ambos* os parceiros bem como as expectativas sociais com as quais *ambos* os parceiros se relacionam da paternidade são abordadas. Para o terceiro grupo de mulheres cientistas – em contraste com o segundo grupo – o Estratégia sobre envolver seus parceiros nos cuidados com os filhos Posição como profissional e familiar igual mesmo depois de começar uma família para fazer backup, em. É impressionante que esse grupo inclua *apenas* cientistas sociais mulheres ou ciências naturais "politizadas" feministas e críticas à ciência membros. [8] Além disso, os parceiros da comunidade científica também estão trabalhando principalmente como cientistas ou em cargos relacionados à ciência profissões.

Existe um *quarto grupo* com um *modelo tradicional reverso* não no verdadeiro sentido. Embora um cientista do Sam- por favor o parceiro o Cuidado de comum criança já no primeiro

---

[8] Uma exceção é um cientista de tecnologia cujo parceiro vem de uma família numerosa Família vem e o cooperação ,no o Família' usado é.

idade da criança principal responsável. Ele mesmo persegue não intenções de carreira e tive não com um Carreira renunciar.

Isto tornou-se claramente, que estratégias de cuidado não de o Conhecimento- mulheres sozinhas, mas junto com os parceiros são "feitas" o. Na próxima etapa, expectativas e estratégias de ação do mulheres cientistas, portanto complementaram os dos sócios.

3.3.4 *Se não ele, então ela? estratégias de cuidado de homens*

"Quem está pegando nosso filho? A primeira ignição é minha esposa, o segundo estágio é o grande pais, e se nada funcionar, então eu faço." (Funcionário de uma empresa homem, uma criança)

Complementar para aqueles mulheres cientistas o no o Crianças- cuidados não "contam" com seus parceiros e essas tarefas desde cedo Terceirizar para terceiros, alguns parceiros mostra que a baixa participação de homens em tarefas de cuidado de crianças por meio de seus próprios posições da divisão sexual do trabalho (com). Com um foco claro na própria profissão e com a consideração de puericultura como "coisas de mulher" apoiar o *no puericultura parceiro desinteressado,* a distribuição desigual dos cuidados parentais no.

A maioria dos parceiros dos cientistas que entrevistamos No entanto, ela prefere se envolver em cuidar de crianças ao lado de sua carreira. e trazer para a vida familiar. [9] Mas existem alguns desses *Parceiros interessados em cuidar de crianças* que manifestem interesse em família Assuntos que não têm suporte prático por vários motivos implementam e não participam igualmente nos cuidados infantis. Especialmente no primeiro ano de vida da criança, nenhum desses homens sai licença parental ou redução do horário de trabalho. Isso se justifica tanto com os mesmos biologismos que com as mulheres cientistas, o espaço temporal supostamente mais flexível oportunidades de emprego deles parceiros ou com isso, que para tamanho ressalvas de ter empregador esperado tornar-se. Alguns parceiros participam da creche e do seus tempos e tarefas atribuídos. No entanto, todos os organismos satórico preocupações no o Mulheres, o sobre dela Homens como recurso para "emergências" Para voltar a cair.

Outros *homens interessados em ser mentores* sentem através de seus posição profissional em seu papel de pai e gostaria de mais deveres de cuidado assumir. Alguns pais, o de seu parceiro

---

9 Esse trava também com isso junto, que para o qualitativo amostra esmagadoramente parceiro com "atípico", ou seja H. do modelo o gênero divisão de trabalho diferente- pt arranjos de cuidados selecionado tornou-se (ver. Capítulo 1 em esse Um livro).

mulheres que foram relegadas à posição de chefe de família sentem-se através da tarefa, em caso de dúvida para toda a renda familiar sozinho ter que pagar é um fardo. Eles temem que não haja recursos econômicos suficientes poder garantir segurança mista para toda a família, e gostariam que seus parceiros entregassem parte da creche e participar mais na vida profissional. Este desejo torna-se particular intensificaram-se quando trabalham com contratos a prazo e a pressão possível rápido em uma empresa posição trocar, para o fardo torna-se.

Finalmente, há *parceiros interessados em cuidar de crianças* que inicialmente criança tirar licença parental ou reduzir o horário de trabalho ré. Estes consideram as tarefas relacionadas com a criação dos filhos como auto-compreensibilidade e ter ideias igualitárias de um relacionamento de casal fome Para esses homens, cuidar dos filhos representa um valor em si que eles, como pais, querem ajudar a moldar. Ajuste o seu de acordo jornada de trabalho Depois disso fora de e limite dela profissional disponibilidadesa. Isso é possível pela orientação para uma renda dupla doméstico. Os homens entrevistados confiam nas mulheres para terem um contribuir com uma parte mais ou menos igual da renda e o A existência da família é assim duplamente assegurada. o igual O emprego remunerado para as mulheres torna-se uma garantia de prosperidade e reduz os riscos em sua própria biografia profissional. Esses homens, portanto, também têm mais tempo e tempo porque sofrem desvantagens de suas próprias pausas na carreira menos tem que temer.

Outros parceiros veem as fases do cuidado infantil como um "tempo limite". próprias atividades profissionais insatisfatórias. licença maternidade para crianças mais velhas (não no primeiro ano de vida) também estão acostumadas a fazer trabalho comercial, não se registrar como desempregado ou para estender os contratos existentes e, assim, planejar planos de carreira. Somente em Em um pequeno número de casos, o desejo dos parceiros de participação igualitária compromisso com o cuidado da criança no primeiro ano de vida da criança responsabilidade primária por esta. Um responsabilidade primária o parceiro para o Cuidados infantis no sentido de um arranjo reverso de cuidados tradicionais elementos é particularmente encorajado se o próprio parceiro não tem um emprego remunerado ou tem o seu cargo no local de residência principal da família e o parceiro ao seu local de trabalho comuta.

Fica muito claro que começar uma família é organizacional e desempenho de sintonia emocional de casais com base em diferentes o caminho é bem-sucedido e é dominado. A seguir estão os descritivos Descobertas das diferentes expectativas, estratégias e arranjos de cuidados minuciosamente discutido. É dada especial atenção ao quadro estabelecer condições dentro das quais os casais optam por determinados arranjos gestos decidir.

3.3.5 *E galitarista Alegar e passou adiante realidade*

A avaliação dos dados quantitativos também confirma que sob o perguntado sempre ainda o casais predominar, no aqueles o Cuidado ocrianças comuns no primeiro ano de vida responsáveis principalmente pelas mulheres em mentiras. A figura mostra a divisão do trabalho de cuidado dentro do casal 3.1, Como em si o cientistas com e sem sucesso na carreira para o momento da entrevista sobre os vários cuidados baseados em parceria intervalos ao longo dos períodos de a) primeiro ano de vida, b) segundo e terceiro assim como c) Distribua o quarto ao sexto ano de vida da criança. [10]

Figura 3.1: Percentagens de acordos de cuidados entre casais por idade ano de nascimento do primeiro filho e carreira na época da entrevista apontar (em %, apenas mulheres cientistas)

Fonte: registro "Junto Carreira fazer"; ter cálculos; pesada Declarações

No geral, os arranjos de cuidado baseados na parceria gestos no ambos grupos de cientistas certo semelhante. Até aos três anos do primeiro filho, o chamado tradicional arranjo nelle. A partir das entrevistas qualitativas com mulheres com sucesso em o Ciência conhecimento nós, que alguns esse casais "indesejado" tradicional

---

10 Esse períodos tornou-se escolhido, lá ela através diferente instituições estruturada (como por meio de

creches e sua disponibilidade) e através jurídico licença maternidade.

seguir padrões normais. Por um lado, isso afeta as mulheres que Não realizar (totalmente) o direito a uma divisão igualitária de cuidados porque os sócios priorizam outros objetivos. Por outro lado, diz respeito também alguns parceiros que - a menos que suas esposas queiram mais participação - schen – seu desejo de maior envolvimento no cuidado do Crianças não implemento pode. O razões para discrepâncias entre desejo e realidade no enfrentamento da criança e da carreira com isso sobre o expectativas e estratégias de ação assim como o Conhecimento- funcionários e seus sócios. O gênero tradicional A divisão do trabalho no cuidado não é, portanto, o único resultado de dispostos", homens que se concentram apenas na vida profissional, mas para Papel também os próprios cientistas.

casais, o Responsabilidade para o Cuidado o comum Criançasassumem juntos desde o início, ou seja, também no primeiro ano de vida da criança criança, são também sob alto qualificado e profissionalmente ambicioso Bastante atípico para casais. Somente na idade pré-escolar os arranjos igualitários de cuidados infantis elementos mais comuns. Isso certamente está relacionado que para as crianças desta idade as instalações de cuidados públicos são significativamente melhor desenvolvidos do que para crianças menores de três anos. [11] na juventude grandes coortes de mulheres cientistas parecem estar cientes dos contornos aumento deste novo acordo de parceria. Esses casais caracterizam-se por um bom conhecimento dos discursos que cercam a Igualdade de gênero e conheça as armadilhas da Carreiras científicas para mulheres. Eles desenvolvem práticas que se desviar do padrão tradicional de divisão sexual do trabalho. decisão dend é a favor de que o companheiro assuma o cuidado dos filhos cumprir sua tarefa como pai e, assim, tornar mais fácil para seus parceiros para continuar a trabalhar. Os pais percebem isso por si mesmos em Tire licença parental ou reduza de forma confiável as horas de trabalho. é crucial que esse parceiro seus filhos não só em situações excepcionais cuidar, como quando compromissos são adiados ou viagens de negócios, mas regularmente no Cuidado integrado são e por esta nesse caso profissional cotonetesaceitar.

O arranjo reverso do cuidado tradicional, no qual predominantemente o homem que assume a responsabilidade pelo cuidado das crianças está sob Mulheres cientistas não são muito comuns. No entanto, há uma diferença entre cientistas com e tal sem sucesso na carreira nisso,

11 Para a divisão relativa do cuidado dos filhos entre os parceiros, isso significa que os arranjos igualitários podem decorrer do fato de que há mulheres pt conseguir substituir parte dos cuidados infantis com cuidados externos e para reduzir o trabalho de cuidado que eles mesmos fizeram. A contribuição absoluta dos homens para cuidar do trabalho não precisa necessariamente mudar, apenas muda lich o relação A favor de um igualitário arranjos de cuidados em o Parceria.

que as mulheres mais bem-sucedidas são um pouco mais propensas a serem obrigações fiscais são aliviadas e podem ser usadas para fins científicos atividade chen as "costas são mantidas livres".

O achados para o parceria arranjos de cuidados o Mulheres cientistas agora estão sujeitas à situação de seus colegas homens gene facial. Para homens na ciência com crianças é arranjo de cuidado tradicional na parceria em sua maior parte deles, e não apenas no primeiro ano depois de começar uma família escolaridade, mas até a idade pré-escolar da criança (sem cifra: 81% em primeiro ano de vida, 69% a partir do segundo ano de vida). os cientistas têm arranjos consistentemente tradicionais muito mais comuns no creches do que suas colegas do sexo feminino (55 e 36%, respectivamente). Então aqui estão eles vestindo parceiros dos cientistas a preocupação primordial com o bem comum mesmo garoto, o que para as carreiras de tem um efeito de alívio nos homens.

O Avaliação o qualitativo entrevistas tem mostrando, que direto Cientistas do sexo feminino com soluções tradicionais de arranjos de apoio fora de sua parceria e dela dependem para para não perder o contato: com a ajuda de cuidados infantis externos por meio de instituições, au pairs ou parentes que conseguem crianças e conciliar carreiras. Essas mulheres são extremamente flexíveis; ela organizar seu trabalho em torno de horas de creche e trabalho também durante ela licença maternidade no artigos ou trabalho de qualificação.

A importância da orientação de terceiros na organização das crianças O cuidado também se reflete nas análises quantitativas. Figura 3.2 ilustra a distribuição de mulheres cientistas com e sem sucesso no momento da entrevista nas várias combinações possíveis possibilidades de cuidado externo ao primeiro filho. Análogo ao No caso de cuidados internos de casal, a descrição refere-se ao mesmo períodos. [12]

Nas parcerias de mulheres cientistas com carreira de sucesso o já no *primeiro idade* de criança maioria Terceiro em o Cuidados inclusos: Na maioria das vezes acessam exclusivamente os privados pessoas retornar (35%). A não irrelevante Parte o casais poder entretanto, seja por instituições assistenciais públicas ou por seus Combinação com uso privado (juntos 41%). 15% de Mulheres bem-sucedidas em ciências usavam creches no primeiro ano de vida da criança o dia todo ou mais de sete horas diário.

---

12   A categoria "apenas estabelecimento de cuidados" inclui instituições públicas e também soluções mediadas pelo mercado como, por exemplo, B. Childminders juntos. A categoria "apenas pri- pai Pessoas" inclui o regular inclusão outro membro da família e de Amigos, mas também babás ou outro Pessoas.

Com aumentando Velho de criança relacionar (até sobre casos excepcionais) aproximadamente todos esses casais usando opções externas para cuidar de seu primeiro filho a. Para *mães com sucesso na carreira*, o cuidado terceirizado é uma combinação de instalações de cuidados e particulares é de particular importância ção. Já a partir do segundo e terceiro ano da criança utilizam 51%, na idade pré-escolar da criança, 64% das mulheres cientistas têm um Combinação. No geral, a proporção de mulheres cientistas que dela criança Tempo total ou mais por creches, em 47% im criança pequena- para 60% im idade pré-escolar

As mulheres malsucedidas na ciência se relacionam com uma situação muito semelhante. Instrua terceiros a cuidarem de seus filhos, como mulheres com filho(s) e sucesso na carreira. Esse semelhança mentiras em particular no primeiro idadeantes. diferenças mostrar em si mas ausente para o segundo e terceiro idadeda criança. A partir de então, as mulheres sem sucesso na carreira alcançam com muito mais frequência finalmente para instalações de cuidados e mais raramente para a combinação solução do que as mães com carreira de sucesso. Além disso, as mães saem sem Sucesso na carreira seu primeiro filho com mais frequência em tempo integral ou mais tempo longe da creche facilidades do que as mães com sucesso na carreira (não mostrado: 22% e 15% no primeiro ano de vida, 59% e 47% no segundo e terceiro ano Idade, 71% ou. 60% no idade pré-escolar). Esse significa no entanto, que esses cientistas estão mais preocupados com o horário de funcionamento do do que seus colegas, que também precisam se concentrar nos privados (pode) recorrer aos cuidadores. Isso pode ser uma pista ser que as mulheres cientistas sem sucesso na carreira em suas possibilidades A capacidade de usar soluções de cuidados externos de forma flexível, acima de tudo, é restrita sejam - seja por falta de ofertas, financeira ou recursos sociais.

Em última análise, a necessidade da solução combinada também é conexão com o padrões de cuidados dentro de o parcerias. Porque mulheres cientistas com filhos só se levantam nos casos mais raros parceiro para o Página, o o principal puericultura assume. Lá mas a prestação de cuidados no setor público juntamente com o a carga de cuidado dentro da parceria é insuficiente, os cientistas têm que fazer isso por meio de soluções privadas do externo cuidados complementares.

Ao contrário das mulheres cientistas, em parcerias com cientistas nas diferentes faixas etárias das crianças mais frequentemente "abandona" o cuidado de terceiros (sem número: 47% no primeiro ano de vida, 24% no segundo e terceiro ano de vida, 3% no idade escolar). Também é perceptível que entre os cientistas a exclusividade uso comum de instalações aumenta mais do que a combinação de instalações e privado pessoas para o puericultura (57% ou. 39% idade pré-escolar) – semelhante às mulheres sem sucesso na carreira. Todos- No entanto, o primeiro filho visita muito menos o dia todo ou por mais tempo do que eles. bem horas por dia em uma unidade de atendimento (não mostrado: 8% em primeiro ano de vida, 31% no

segundo e terceiro ano de vida, 43% no idade escolar).
Isto é, com os cientistas não são eles mesmos, mas
principalmente seus parceiros, que cuidam dos filhos
pegar.

Para entender por que os padrões tradicionais de
divisão do trabalho também mudaram entre mulheres e
homens altamente qualificados após constituir família
reproduzir, é importante também olhar para o contexto
em que que os casais agem. Na introdução,

foi feita referência ao sistema de ciência , o que
enfatiza amplamente o modelo do único provedor
masculino. coloca. Casais que organizam o cuidado dos
filhos de forma igualitária resistem até certo ponto as
expectativas prevalecentes. Para as mulheres, isso
significa grande parte das tarefas de cuidado contra as
reservas sociais ben para suas parceiras (ou terceiros),
e para os homens saberem sobre o ressalvas deles
(macho) Colegas e superiores substituir

ou seja, tirar mais do que os "simbólicos" dois meses de
licença paternidade ou para trabalhar a tempo parcial.
Em troca, a ação de casais que não conseguem realizar
suas expectativas de igualdade, como um ajuste
desempenho no o predominante estruturas visto
tornar-se. Como nós

mostrando ter, pode assim como o mulheres assim
como os homens sejam os que forçam essa adaptação;
dependendo de qual trabalho garantia e ambiente social
eles se movem.

As entrevistas mostraram que os contextos de
trabalho em que o o trabalho dos cientistas e seus
parceiros é crucial para desenvolver estratégias que vão
além de uma tradicional divisão de trabalho baseada em
gênero sair. Nas interpretações dos cientistas são
repetidos nomeou alguns fatores-chave que –
independentemente da parceria Arranjo – contribua
para o sucesso do seu desenvolvimento profissional
com uma criança gen. Além da possibilidade de horários

de trabalho e horários de atendimento flexíveis, o ritmo e a duração dos deslocamentos entre local de residência e local de trabalho, essas também são as atitudes do empregadores, colegas do sexo feminino e mentores. contextos de trabalho, em em que os papéis de gênero são refletidos, em que colegas com estão ocupados com o mesmo tópico e agem como modelos mais forte soluções de cuidados iguais.

Na análise qualitativa também foi perceptível que o cuidado igualitário arranjos de relacionamento são tipicamente encontrados entre mulheres cientistas sociais foram, enquanto nas outras disciplinas, especialmente no técnico ciência, são bastante atípicos. Isso também se reflete no quantitativo Dados. Um total de 36% das mulheres cientistas praticavam comum um arranjo tradicional em suas parcerias (sem fotos ção): Nas ciências técnicas e naturais, as mulheres com cartão O sucesso no crime é mais frequentemente a responsabilidade primária de seus filhos do que aqueles sem sucesso na carreira (46% e 24% respectivamente), mas os primeiros usam um pouco mais cuidados externos do que os últimos (82% e 71%, respectivamente). no social ciência, por outro lado, a relação é inversa. Aí a mulher- arranjos tradicionais consistentemente bem-sucedidos do que seus colegas mulheres sem sucesso (29% e 45% respectivamente). Uma possível explicação porque Tecnólogos do sexo feminino são menos propensos a ter expectativas igualitárias de seus parceiros formular, poderia voltar ao domínio dos colegas de trabalho do sexo masculino ser conduzido. Como eles costumam ter parceiros que têm suas "costas para profissional Mantenha os requisitos livres", pode-se supor que isso Tema puericultura no Ambiente de trabalho no total menos presente é. Mulheres em profissões técnicas também têm filhos sem filhos Reservado atravessar de seu competências para batalha (ver. Konekamp 2007). A simples assunção de tarefas de cuidados infantis poderia sobre mirar adicional reconhecimento por esta para ganhar, o eles no masculino dominado campo profissional retido torna-se. Mas também para Homens esses contextos de trabalho representam obstáculos para seus desejos após licença parental ou redução do horário de trabalho. Porque a maioria de seus pares e superiores é empregado em tempo integral, também não é o caso dos homens luz, pedidos de suporte atravessar de seu empregadores e Colegas do sexo feminino impõem. Para os cientistas e seus parceiros, representa um Alívio significativo quando seus superiores estão lidando com Solicitações de flexibilidade quanto ao horário e local de trabalho mostre e planeje totalmente os compromissos e eventos no As obrigações dos pais são respeitadas. Para poder não permitia que eles se conectassem a redes de trabalho e profissionais perder, do ponto de vista de muitos cientistas também é importante certo, enquanto o licença parental o contatar seu superiores segurar para e, em alguns casos, continuam a trabalhar durante a licença parental. No As interpretações dos cientistas mostraram repetidamente como isso Motivação para ir trabalhar o mais rápido possível após o nascimento do filho retorno é aumentado.

Apesar das descobertas bastante preocupantes sobre a divisão sexual do trabalho Há sinais de mudança entre os cientistas e seus parceiros que os padrões tradicionais estão lentamente se desfazendo. Na análise qualitativa foi mostrado no que diz respeito às carreiras profissionais de mulheres cientistas que diferentes estratégias podem levar ao "mesmo" objetivo. Então Algumas mulheres cientistas garantem seu sucesso profissional por meio da terceirização o puericultura no Terceiro, outro acima o paridade Divisão de tarefas com o parceiro. No entanto, ficou claro que certos As estratégias também podem levar a uma armadilha profissional. a sola assumir a responsabilidade pela supervisão desafia as mulheres cientistas além muito trabalho organizacional de um emprego remunerado. custo vice-versa as disputas com os parceiros sobre as tarefas de apoio, o cientistas adicionalmente para o emprego remunerado também muito Energia. Em Em ambos os casos, estes serviços privados de coordenação não correspondem ao ideal-típico requisitos para o realização um científicocarreira de chef que tem um alto foco e uma dedicação para exigem um emprego (cf. Engler 2001).

3.3.6 *oportunidades de carreira e histórias de emprego*

A seguir, examinamos a influência das várias parcerias arranjos de apoio técnico para o sucesso na carreira de mulheres cientistas para. Nós olhamos para todas as mulheres cientistas com filhos e desenhamos o macho cientista com filhos como grupo de comparação.

A Figura 3.3 mostra as proporções de mulheres e homens que que aponta no tempo antes e depois de começar uma família Sucesso na ciência teve ou não. Aqui pode ser visto que as mulheres de um ano atrás são quase tão bem-sucedidos em começar uma família quanto os homens (tempo ponto: -12). Entre as mulheres tem uma participação de 69%, entre os homens 72% um Carreira. Primeiro depois o começando uma família resultado em si claro gênero típico diferenças em as chances de sucesso.

Cientistas do sexo feminino geralmente enfrentam desvantagens de carreira depois que a família Fundação: Um ano após o nascimento do primeiro filho, começa a partilha mulheres cientistas com uma carreira de sucesso caíram para 61%. Ele recupera nos seguintes tempos de observação, estagna no entanto, cerca de 63%. A proporção de conhecimento bem-sucedido seis anos depois de constituir família, as mulheres não têm nível como era um ano antes de começar uma família. De acordo a proporção de mulheres sem sucesso na ciência aumenta com o tempo. No geral, apenas 41% das mulheres cientistas conseguem fundando consistentemente em todos os pontos observados no tempo de acordo com o objetivo ven padrões um Carreira constatar. Para o Os homens, por outro lado, vão o começando uma família com estábulo histórias de carreira junto. A Ano depoisnascimento do primeiro filho, a proporção de cientistas com sucesso inicialmente para 78% e depois permanece relativo estábulo. Em contraste para as mulheres cientistas, 64% dos homens têm uma carreira inteira. experiências de discriminação e subsequente as mães são afetadas por rebaixamentos ou saídas da ciência (cooling-out). portanto em a regra mais frequentemente do que os pais (de Stebut 2003).

No seguindo dedicar nós nós o Comparar dentro de o grupo o cientistas e lugar aqueles com e sem sucesso profissional no momento da entrevista. A Figura 3.4 mostra para ambos os grupos um gráfico histórico. Acumula as proporções relativas dos vários Tipos de atividade de mulheres cientistas mensalmente 100% e mostra, começando com o décimo segundo mês *antes* do nascimento do primeiro filho até para o 72 Mês *depois*, o proporções relativas o respectivas atividades.

Figura 3.4: Status de atividade mensal ao longo de um ano antes e seis anos depois começar uma família, acumulou percentagem chá) cientistas com sucesso na carreira para inter ponto de vista no tempo, (b) mulheres cientistas sem sucesso na carreira para o entrevista tempo A primeiro Visualizar sobre o gráficos shows, que o gradientes de Mulheres com esem Sucesso em o Ciência para o hora da entrevista um certo semelhantes mostram viabilidade. Ambos são bastante "coloridos", ou seja, os gradientes incluem uma série de atividades muito diferentes. Empregado atividades para todas as mulheres cientistas com filhos. Outro semelhante- habilidade é demonstrada pelo fato de que os cursos de mulheres com e sem carreira dificilmente diferem entre si pelo tempo *antes de começar uma família:* Aproximadamente. 61% das mulheres cientistas trabalham em tempo integral, aprox. 20% meio período emprego e cerca de 10% têm bolsa de estudos. Essas ações ficam estável até começar uma família.

No primeiro ano após o nascimento do primeiro

filho, ne grande grupo de mulheres principalmente em licença parental e a proporção de mulheres empregadas está diminuindo. Mas especialmente neste momento então há diferenças nas carreiras das mulheres cientistas determinado. Quase metade das mulheres cientistas que mais tarde são bem-sucedidos geralmente tiram licença parental no período observado Direito (47%). Seus primeiros períodos parentais duram em média 13 meses depois. O uso da licença parental é moldado ao longo do tempo do seguinte modo: O Altíssima Parte no bem-sucedido cientistas 39% tiram licença parental no quarto mês após o nascimento, exatamente um ano depois o aniversário são isto 21%. Esse Compartilhar continua primeiro retornar, mas depois sobe novamente para 14% no terceiro ano após constituir família no. Cientistas do sexo feminino com outras crianças mais novas estão indo cada vez mais para cá (de novo) em licença maternidade. Isso é seis anos depois de começar uma família apenas ainda 4% das mulheres com sucesso em o ciência em licença maternidade

As histórias de emprego de mulheres cientistas que no momento da entrevista apontar *nenhum* sucesso na carreira registro pode, ver no entanto algo diferente fora de. Então pegar ela geralmente algo mais frequentemente períodos parentais em Direito (54%). Seus primeiros períodos de criação também duram em média lich 18 meses claramente mais longo como o deles colegas do sexo feminino com sucesso na carreira.

A maior proporção dessas mulheres cientistas em licença parental é de 49% encontrado logo no primeiro mês após o nascimento, um ano após o nascimento ainda é 27%. Essa proporção segue até o terceiro ano apenas hesitantemente para 14% antes de começar uma família e está se estabilizando esse nível até sexto ano de vida da criança.

Os cientistas sem sucesso na carreira estão atrás da

família portanto, menos empregados. Um ano depois da família 60% deles têm empregos remunerados. Na terceira e sexto Ano depois o começando uma família são aquilo é 70% esse Conhecimento- trabalhadoras femininas estão empregadas, mas a proporção voltou a cair devido ao nascimento de mais filhos. Ao final do tempo considerado sala alcance as mulheres que não tiveram sucesso em ciências durante a entrevista não tinha o nível de referência de emprego do ano anterior o começar uma família. Sobre isso fora movimentos em si no eles no Curso

o tempo *depois de* começar uma família, a proporção de tempo parcial para tempo integral actividades a favor de empregos a tempo parcial.

As mulheres que são bem-sucedidas na ciência, por outro lado, tendem a figurar em um emprego remunerado depois de começar uma família ou voltar para casa depois retornam ao mercado de trabalho mais rapidamente do que seus colegas sem rumo ao sucesso na carreira. Um ano depois de começar uma família, 65% deles estão atrasados cientistas femininas bem-sucedidas empregadas, também em cargos de tempo integral, e essa proporção aumenta constantemente para 85% no sexto ano. Com isso é o nível inicial de um ano antes de começar uma família facilmente superado. Semelhante a seus colegas sem sucesso na carreira a proporção de empregos de meio período para empregos de período integral está mudando para eles ligeiramente a favor de empregos de meio período seis anos depois de começar uma famíliadez.

Em resumo, pode-se afirmar que a proporção de trabalhadores em tempo integral mães que trabalham *sem* sucesso na ciência em nenhum momento depois fundar uma família atingiu um nível comparável ao da formação acadêmica cientistas *com* sucesso no momento da entrevista. Também é perceptível que os períodos parentais não apenas desempenham um papel maior para eles, mas também temporariamente mais afetado pelo desemprego depois de começar uma família e são mais frequentemente financiados por doações do que mulheres cientistas com *sucesso* . Em comparação com as carreiras do cientista com crianças são os cursos de cientistas com crianças em caracterizado principalmente por emprego em tempo integral (em média 80%); o Começar uma família como um evento não é de forma alguma representado por mudança ou Arrombamentos reconhecíveis (não mostrados).

3.3.7 *C são arranjos influência carreiras científicas*

Os resultados até agora se concentram nas influências separadas de indivíduos fatores. Nesta seção, essas variáveis influentes são apresentadas em regressão modelos são reunidos para levar em conta todos os fatores apreciar a influência das soluções de cuidado na chance de ser bem sucedido entre as mulheres na ciência. queremos sobre o comparações anteriores, em que o sucesso na carreira na época ponto da entrevista foi o critério decisivo. nos modelos agora pode ser verificado se as mulheres nos *vários* pontos no tempo após o começando uma família depois objetivo Requisitos Sucesso em o Ciência teve ou não. Todos os cientistas foram incluídos nos cálculos crianças incluídas. Na Tabela 3.2, os estimadores são dados como odds ratio e seus intervalos de confiança [13] listados.

---

13 chances índices dar o razão de probabilidade para o Digitar um maternidade entre um Referência- e um grupo de comparação no. A chances razão de 1 significa, que isto nonecHá diferença de chance entre os dois grupos. O grupo de comparação tem uma chance maior do que o grupo de referência com uma razão de chances de > 1 e um baixo re chance com uma razão de chance de <1. O intervalo de confiança mostra se a estimativa O odds ratio está dentro do intervalo dado com uma probabilidade de 0,95. O A estimativa é incerta se o valor 1 estiver dentro do intervalo de confiança e o maior melhorar o intervalo de confiança é. O modelo 1 contém todos os fatores teoricamente relevantes, o modelo 2 os contém efeitos de interação adicionais do arranjo de cuidados com o tempo correr Para a análise da organização da creche, dois restrições no Comparação para o descrições no precedido Seção

conheceu tornar-se. Em primeiro lugar, para apoio externo apenas olhou se foi usado ou não, e por outro lado dez o igualitário e o oposto tradicional arranjos de casal no opuericultura devido a baixo números de casos combinados tornar-se.

No primeiro Modelo shows em si, que para cientistas depois o começando uma família há uma chance menor de ter sucesso na carreira, se eles são os únicos em sua parceria que são os principais assumir a responsabilidade pelo cuidado da criança (arranjo tradicional). O usar de externo opções de cuidados por sua vez melhorou o Panorama de mães sobre sucesso na carreira em da Ciência significativo.

Uma visão detalhada do impacto das soluções de cuidado para o diferentes pontos no tempo depois de iniciar uma família no modelo 2 examina a relação de emaranhamento entre o arranjo de pares e o tempos de observação e shows, que ambos efeitos em si claramente fortalecer e no estatístico significado ganhar peso. Por causa de o termos de interação adicionais são fornecidos pelo estimador para o arranjo de cuidado mento no modelo 2 indica apenas sua influência no primeiro ano de vida da criança. Portanto é o chance sobre sucesso na carreira com mulheres cientistas com um arranjo tradicional já no primeiro ano de vida da criança significativamente menos do que seus colegas com arranjos não tradicionais mento. O efeito geral do arranjo tradicional de cuidados em Mo- dell 2 é adicionalmente calculado a partir dos efeitos dos termos de interação, ou seja, No geral, cientistas do sexo feminino têm uma chance baixa de ter sucesso profissional depois de começar uma família se eles fizerem o principal lich jurisdição para o Cuidado dela criança assumir. Usar cientistas – independente de par interno arranjo de cuidados mento - o apoio de terceiros no cuidado de seus filhos, assim é também o chance sobre sucesso na carreira maior. Em Modelo 2 torna-se além de que Percebe-se que as chances de sucesso na carreira aumentam no sexto ano do Em comparação com o primeiro ano após constituir família, especialmente no melhorar significativamente, cujos arranjos de cuidado dentro do casal mento não segue o modelo tradicional. Isso mostra muito impressionante completo, Como importante o parceria arranjo de cuidados depois o Começar uma família para futuras perspectivas de carreira de cientistas realmente correr é.

Alguns surpreso é o Resultado, que em si o oportunidades sobre Sucesso na ciência para as mães, melhor design se já estiverem antes bem sucedido em começar uma família. Para a hipótese do curso de vida perspectiva, que o oportunidades de carreira mais alto são, se o cruzando para a paternidade mais tarde no Histórico ele segue, folhas em si um cuidadoso Mostrar confirmação: Cientistas do sexo feminino que só tiveram seu primeiro filho após o promoção obter, ter uma melhor chance de sucesso na carreira depois começar uma família (modelo 2). No entanto, este resultado é baseado apenas em nível de 10% significativo.

Para o hipóteses de modelo de negociação de recursos encontrar nós nenhuma descoberta tão clara e confiável. A negociação relativa posição pode ser determinada através do status de emprego do parceiro antes de começar uma família capturar. Os efeitos para este fator de influência não são significativos borda, mas eles apontam em uma determinada direção. mulheres cientistas, cujas parceiro antes o começando uma família um emprego de meio período perseguida ou financiados por uma bolsa tendem a ter melhores qualificações veem o sucesso na carreira do que seus colegas em tempo integral parceiros. A categoria "não remunerado" inclui uma série de diferentes atividades em conjunto, incluindo treinamentos e estágios ka.

Estas são atividades que realmente significam compromisso em tempo integral e portanto, tendem a ter um impacto negativo nas perspectivas de carreira dos cientistas mulheres cientistas em conexão com o início de uma família para.

o mesmo modelos para o pais sob o cientistas mostrar (sem tabela) que nem o arranjo de cuidado dentro do casal nem o O uso de opções de cuidados externos tem um efeito significativo sobre oportunidade de carreira de pais tem. O fatores de influência, o no conhecimento são relevantes para os funcionários, sucesso na carreira antes de começar uma família educação e a coorte de graduados responsáveis por medir o mercado de trabalho situação está.

3.4 Filhos – pausa na carreira ou chute na carreira?

O Perguntar depois o Significado o começando uma família para o sucesso na carreira na academia, a literatura tem sido muitas vezes negligenciada em vista do interesse privado Situação levantada e discutida por mulheres cientistas (cf. Lind 2008; Metz-Göckel/Selent/Schuermann 2010; de Stebut 2003). este sub As investigações foram em grande parte limitadas a relatos descritivos do circunstâncias privadas, como a constelação de sócios no que diz respeito às qualificações e área de trabalho, bem como, em parte, a organização dos cuidados infantis. Além disso, as investigações foram em sua maioria ou apenas com quantitativos ou apenas examinados com métodos qualitativos e não em sua conexão função O objetivo da nossa contribuição foi assumir este desiderato e ele para investigar, qual estratégias de cuidado cientistas com crianças) com seu parceiros no o perseguição deles carreiras desenvolver e qual o impacto que as soluções de cuidados infantis têm na carreira oportunidades para mulheres cientistas.

Em o visão abrangente nosso achados mostrou em si, que o família verde estrume para cientistas no Comparação para seu macho Colegasa desvantagem de carreira representa. Enquanto Mulheres em o Ciência antes o começando uma família assim como freqüentemente Sucesso ter Como Homens, leva o Parte de cientistas com Sucesso depois o aniversário de primeiro criançade ausente. mulheres cientistas o dela Carreira depois o começando uma famíliacom Sucesso continuar, ter em o Regra menos comum e menos Crianças, também receber ela dela primeiro criança mais tarde como cientistas sem Carreira-sucesso. Com isso torna-se o formulado a partir de uma perspectiva de curso de vida abordagemmeu, que um consolidação o Carreira antes o aniversário de primeiro criança o oportunidades para profissional Sucesso elevado, confirmado. Esse sobre o Comportar-se de Mulheres (ou. casais) visando estratégia um tarde aniversário poder o planejamento o começando uma família para um forte racional Matéria. Nós poderia mostrar, que esse Perguntar de "certo ponto no tempo" para o aniversáriode primeiro criança para muitos o mulheres cientistas o assim como dela profissão- querer continuar uma carreira e ter filhos torna-se um fardo. mulheres cientistas o em si para Crianças decidir, perseguir com seu parceiros diferente estratégias, em volta dela emprego também depois o começando uma família continuar. O maioria interromper mulheres sobre- chão de deveres de cuidado pelo menos para curto Tempo dela ter profissional tarefa. Incluído mostrou em si, que o Duração de tempo o interrupção através Pais- tempo o sucesso na carreira o Mulheres depois o começando uma família co-determinado e cientistas com curto licença maternidade no avançar carreiracorrer freqüentemente mais bem sucedido são como dela colegas do sexo feminino com mais longo licença maternidade. Simultaneamente tornou-se claramente, que isto útil para cientistas é, se eles permite torna-se, também enquanto o licença maternidade Conexão no dela profissional para manter o meio ambiente.

Como o arranjo de cuidados infantis dominante após o início de uma família ção também foi encontrada entre as mulheres cientistas em parceiros (acadêmicos) criar a tradicional divisão de gênero do trabalho. Uma especialidade ção no sentido de considerações econômicas familiares não se aplica aocientistas e dela parceiro para, o depois o começando uma família e também durante curtas pausas na carreira devido à licença parental manter seu trabalho firmemente. Uma exceção é um caso com vice-versa arranjo de cuidados tradicionais. É aqui que ocorre a especialização o sócio, ele próprio sem intenções de carreira, para cuidar do criança e tarefas domésticas, enquanto sua esposa carreira científica prosseguida.

Um olhar sobre os processos de negociação dos

casais mostrou que o tradicional arranjo tradicional nem sempre é o resultado de decisões conscientes e não sempre "desejado" é. Assim como sobre Páginas o cientistas como também por parte de seus parceiros existem obstáculos que levam a desigualdades a divisão de tarefas na parceria. Estes são, por um negociações malsucedidas entre os cientistas e seus parceiros sobre seus respectivos desejos com relação à divisão do trabalho na creche cuidado e, por outro lado, teme que estes aplicar sem sofrer sanções. Este último medo tornou-se especialmente formulado para os parceiros das mulheres cientistas que - se tirar licença parental ou reduzir o horário de trabalho para cuidar dos filhos – supostamente maior Desvantagens ter como cientistas. Fora de ver- Do ponto de vista da teoria da ação, isso resulta em desvantagens para o conhecimento trabalhadores do sexo feminino, o que significa que eles cuidam principalmente dos filhos assumir. A partir disso, pode-se concluir que não apenas o recurso relacionamento entre os parceiros no processo de negociação é crucial. Adicionado vêm normas normativas profundamente arraigadas, crenças diferenciadas por gênero, como expectativas de si mesmo (como mãe/pai) e do(s) parceiro(s) ner (como pai/mãe). Em processos de sócio-interno O fazer científico *gênero* coloca essas expectativas em prática e também liderar no caso de mulheres cientistas, que citam uma reivindicação igualitária formular seus parceiros, após constituir família para uma tradição arranjo de cuidado. atribuições, que deveres de cuidado simples conciliar com a atividade na ciência do que com a atividade habilidades em outras áreas profissionais, desde que sejam apenas para o trabalho usado por cientistas do sexo feminino - um gênero diferenciado agraciado divisão de trabalho (Hess/Rusconi/Solga 2011a). Em parcerias, em onde ambos os parceiros cuidam igualmente das tarefas, quais essas atribuições desconstroem como atribuições de gênero ed e a prática cotidiana de ação repetidas vezes para o desejado igualdade verificado para.

Em princípio, as próprias mulheres cientistas responsabilidades, quer o façam em arranjos tradicionais ou em dividir uniformemente com seu parceiro.

cientistas com um arranjo de cuidado tradicional tem significativamente menor Oportunidades de carreira do que aqueles que cuidam de suas responsabilidades parceiros, pelo menos, compartilham igualmente. Para aqueles cientistas que, apesar dos arranjos tradicionais, seguem suas carreiras depois de constituir família pode continuar, terceirização *flexível* de cuidados infantis um papel central. Cientistas mulheres alcançam essa flexibilidade fornecendo instalações de cuidados *e* indivíduos privados para cuidados combine seu filho. Terceirização de puericultura e A combinação de diferentes terceiros ou entidades é total uma solução de cuidado bastante pré-requisito. É necessário que oportunidades correspondentes para suporte externo no local em tempo suficiente o Disponibilidade consiste. Também é decisivo, se o usar estas opções de apoio pelos cientistas podem ser financiadas. Especialmente durante a fase de doutorado, os cientistas têm a baixo renda e são portanto em o financiamento externo opções limitadas de cuidados. A possibilidade de um livre apoio de uma rede pessoal, como membros da família ge ou amigos podem ser úteis e custos correspondentemente mais elevados para o cuidado da criança por amas, babás ou cuidadores direções - mas nem todos os cientistas podem fazê-lo acessar tal rede privada.

A suposição confiável e independente de cuidados infantis ungido pelo parceiro representa, portanto, um alívio para as mulheres que A guarda de crianças por terceiros é difícil de substituir. Para garantir isso os parceiros das mulheres cientistas não só têm que orientação de seus parceiros de forma ideal, mas acima de tudo apoiada na prática Zen. As avaliações qualitativas também mostraram que o profissional e a satisfação com a parceria é particularmente alta entre os casais que em si o cuidar de crianças comuns compartilhar igualmente.

Nosso Resultados lançar Questões para avançar Pesquisar sobre. para Há uma necessidade de pesquisa, por exemplo, ao examinar as condições de carreira que emanam dos antigos e dos novos estados federais. Porque em A literatura mostrou uma diferença surpreendente na proporção de professores correr, o Crianças ter. Aqui permitir em si numerosos Questões conectar: Possivelmente as mulheres nas universidades nos novos estados federais melhores oportunidades de carreira do que nos antigos estados federais? forma alemã oriental cientistas cal a divisão do trabalho de cuidado é mais igualitária do que alemão ocidental? Qual papel jogar aqui arranjos de casal e externo Cuidado para o oportunidades de carreira de cientistas no Comparação para eles em os antigos estados federais?

Além disso, seria sobre a compatibilidade da família e ciência interessante não apenas olhar para aquelas mulheres que permaneceram com sucesso na ciência, mas também a "saída coágulo". Desta forma, as barreiras para as mulheres que lidam com sua situação privada podem ser eliminadas relacionados, determinar ainda mais claramente. O problema é tudo Porém, na identificação e acessibilidade dos desistentes, porque ir no Processo de qualificação perdido.

A avançar Apontar, no para o o Pesquisar para histórias de carreira de mulheres na ciência, o momento da família fundação. Valeria a pena investigar mais de perto se constituir família antes do primeiro grau académico é positivo afeta positivamente o sucesso profissional das mulheres. Isso fala contra o Assumindo a partir de uma perspectiva de curso de vida, ainda assim pode-se ser tão cedo tempo de constituir família certamente pode ser associado a vantagens. O criança é então, se o Requisitos o fase de qualificação particularmente são altos, como com o doutorado e habilitação, em um menos supervisionado idade intensiva. Nas condições atuais de quase sem levar temporário ocupação no sistema de ciência stands esse consideração no entanto o (profissional) incertezas de planejamento de Rapazes cientistas e seus parceiros.

4. **"Sob pressão ...!?" - Biográfico Orientações de mulheres cientistas em Profissão, parceria e Família**

Pois é extremamente ousado para um jovem estudioso que não tem fortuna tem que se expor às condições de uma carreira acadêmica. Ele deve ser capaz de suportar pelo menos alguns anos sem saber de forma alguma se depois tem chance de se mover para uma posição suficiente para a subsistência" (Weber 1992 [1919]:72). Mesmo que o jovem estudioso mencionado acima - graças à abertura do escolas para mulheres – enquanto isso, cada vez mais também *as* jovens estudiosas A descrição de Weber de ser um cientista quase cem anos depois ainda atual: após uma fase de socialização ção o universidades e de Profissional de cientista em o Centro de
século 20 (cf. Mittelstraß 2006) a situação de muitos cientistas leitores e cientistas no presente através de carreiras precárias e condições de vida marcadas. Esta precariedade complicada por um altura incerteza em o

Ocupação, anseio fases de qualificação e variando padrão de gradiente muitas vezes o Carreira- e planejamento de vida o pessoas afetadas e seus parceiros. A organização Universidade funções incluído depois Como antes como "aparelho de leitura" (ver. Weber 1992 [1919]). Em comparação com os muitos doutorados e habilitações ção, existem apenas alguns cargos permanentes no sistema acadêmico (cf. Engler 2003). A carreira científica permanece assim aberta a toda a ciência schaftler e cientistas um arriscado e privado Empresa a caminho de uma cátedra (cf. Kahlert 2010). Mas como- Além disso, as carreiras científicas representam um perfil biográfico especial risco cal, e qual a importância do trabalho, parceria e Família um?

O objetivo deste artigo é oferecer orientação profissional para mulheres no A ciência na interação de eventos familiares e institucionais e examinar mais detalhadamente a sua importância para a progressão na carreira determinar.

Para isso, entrevistas qualitativas centradas em problemas com acadêmicos aprender e entrevistas com seu parceiros de vida Ciências Sociais- hermenêutica avaliado. Isto tornou-se o histórias de carreira de Conhecimento- reconstruídas com base em suas (auto)descrições e com a perspectiva do parceiro sobre as atividades profissionais da mulher adicionado. As presentes descrições de caso mostram como o conhecimento schaftler em importantes decisões profissionais ou familiares se orientam e em que medida os seus percursos profissionais e de vida através pulmões com para o parceiro ou através institucional predeterminado profissional oportunidades são afetadas. A instituição de ensino superior com suas especificidades a estrutura organizacional correspondente representa um importante conhecimento do texto para a interpretação dos autorrelatos dos cientistas para representar.

Doravante torna-se por esta razão o sistema de ciência com seu institucional e simbólico Ordem sobre o base de para nível descrito. No Centro de contribuição ficar selecionado Descrições de casos e uma discussão comparativa dos haste e institucional ocasiões diferente profissional orientações o Mulheres em o Ciência. O empírico análise mostra como as mulheres e seus parceiros antecipam e como os integram em seus planos conjuntos de carreira e vida incluir.

4.1 "Sob pressão ...!?" - Mulheres na ciência

O pequeno número de professoras nas universidades indica que que o sistema científico não é um lugar neutro em termos de gênero e as organizações nização da seleção de (jovens) cientistas não são independentes de gênero (cf. por exemplo, Acker 1990; Hess/ Rusconi/Solga 2011a; Krais 2000; Zimmer/Krimmer/Stallmann 2007). Ciência Mulheres cientistas estão mais sujeitas à seleção do que seus colegas homens processos de ção sobre o caminho para o cátedra e ter claramente menor Oportunidades para os homens permanecerem permanentemente na ciência (cf. Metz Goeckel/Selent/Schuermann 2010; Solga/Estaca 2009).

Quando trabalham em universidades ou institutos de pesquisa são cientistas com uma vasta gama de trabalho e Desafios para avançar, como são na pesquisa e no ensino assim como a cultura profissional. Devido a organizações de gênero estruturas (cf. Acker 1990), as universidades de Frau- Homens e mulheres avaliam conquistas profissionais de forma diferente tet (cf. Beaufaÿs 2003, 2004; Krais 2000). O desigual resultante che profissional posicionamento de Mulheres e homens em o Ciência

"Sob pressão ...!?" Biográfico orientações de cientistas 119 já foi objeto de numerosas investigações (ver, inter alia, Hess/Rusconi/ Solga 2011a; Mathies 2006; Solga/Pahl 2009; Zimmer/Krimmer/Stallmann 2007). As orientações profissionais e familiares dos cientistas e mulheres cientistas a caminho de uma cátedra, no entanto, dificilmente são pesquisado. Então é largamente desconhecido, Como cientistas o no Carreira e trajetória de vida a eles dirigida, algumas das quais contraditórias Trabalhar e processar os requisitos de trabalho e parceria biograficamente e qual Significado dela orientação profissional para processos seletivos no tem histórico de carreira.

Como os jovens cientistas usam suas oportunidades de carreira cen em universidades e instituições de pesquisa não universitárias estimativa, mostra um estudo padronizado em que, levando em conta objetivos de nível superior na vida, a orientação profissional do cientista descendência científica foi trabalhada (cf. Jaksztat/Schinder/ Briedis 2010). Embora o trabalho científico de muitos entrevistados é descrito como atraente, há em particular o desejo de um profissional Segurança com a falta de planificação das carreiras científicas, a baixa segurança no trabalho e oportunidades incertas de promoção dentro do sistema científico (Jaksztat/Schinder/ Briedis 2010: 27s.). O mais longo tempo de permanência no sistema de ciência promove a atitude pessimista de todos os cientistas mesas avaliação o ter perspectiva de carreira, ou seja doutorado avaliam suas perspectivas significativamente mais negativamente do que

estudantes de doutorado (Jaksztat/ Schinder/Briedis 2010: 30).

Para a questão de interesse aqui sobre os processos de (auto)seleção na ciência é significativo que os cientistas e os cientistas em particular funcionárias do sexo feminino com uma orientação de avanço pronunciada, seus profissionais não vejo as possibilidades dentro da ciência de forma muito positiva e metade considera deixar a ciência (Jaksztat/Schinder/Briedis 2010: 25s.). No que diz respeito à própria situação profissional, profissional e Os objetivos na vida divergem particularmente quando se trata de compatibilidade de família planejamento de vida e profissional Requisitos vai. O A diferenciação por gênero também mostra que os homens escolhem sua carreira oportunidades dentro e acima de tudo fora do sistema de ciência ver do que as mulheres (Jaksztat/Schinder/Briedis 2010: 29).

Por causa de o precário Condições de contratação tornar-se Conhecimento- schaftler e cientistas também sem o Segurança, que dela esforço leva a uma posição permanente na estrutura da universidade encorajados a se verem como "auto-empreendedores científicos" e constantemente mexendo em suas carreiras (Enders 2003: 256). Ao mesmo tempo trabalho científico é acompanhado por um ethos que prevê que o Ciência para o "Vocação", ou seja para um forma de vida torna-se. "Naturalmente,EU ao vivo apenas para pensar ‚Profissão'" talvez – máx. tecelão (1992 [1919]: 80) de acordo com a resposta esperada de um jovem estudioso. O termo A nomeação implica que a vida cotidiana de um cientista ou cientista cientista "está limpo de tudo o que não está relacionado com a ciência e contém tudo o que é útil para o seu funcionamento" (Beaufaÿs 2004: par. 5). Ao contrário dos dias de Max Weber, houve instituições de ensino superior nas décadas de 1960 e 1970 cada vez mais femininas che acadêmicos que seguem uma carreira científica depois de se formar na universidade começar. Mas pode direto mulheres cientistas lá ela majoritariamente com parceiros igualmente altamente qualificados e empregados em tempo integral os homens são (cf. Hess/Rusconi/Solga 2011a; Rusconi/Solga 2008), sua vida cotidiana raramente os mantém livres de tudo extra-profissional do que os masculinos colegas possíveis é (cf. Capítulo 3 nisso Um livro).

Se em o análise de histórias de carreira em o Ciência entãotambém as condições de vida privada dos cientistas e alunos, ou seja, seus parceiros e famílias, estão incluídos a discussão sobre vocações e precariedade, especialmente para mulheres adicional explosividade. Então Gênero tem além disso um estruturando Efeito na vida de mulheres e homens. Ataca tanto no avião expectativas sociais e sociais, bem como a nível institucional mensalidades e organizações regulam a vida das pessoas (cf. Kruger 2002). A todos os eventos específicos do curso da vida, como entrada na vida profissional ou no nascimento de filhos, um conjunto de laços Comportamentos padronizados por gênero. estes levam fluxo para ações biográficas individuais, bem como interativo atua em pares e são parcialmente reproduzidos aqui. assim se explica por exemplo, que mesmo grupos de pessoas com fortes ambições profissionais ção - como casais altamente qualificados que começam como iguais profissionais - no No processo de constituir família, ocorre uma retradicionalização da divisão do trabalho sujeito na relação de casal e sobre um, a saber, o car- riere (cf. capítulo 2 deste livro;

Bathmann/Müller/Cornelißen 2011; Wimbauer et al. 2008).

Até que ponto os cientistas e seus parceiros de vida, seus Organizar carreiras em conjunto ou separadamente depende de muitos quais fatores (cf. Behnke/Meuser 2003). Em parceiros heterossexuais são principalmente mulheres – mesmo que estejam (totalmente) empregadas – para cuidados infantis e o chamado "gerenciamento de compatibilidade" responsável (consulte o Capítulo 3 deste livro; Behnke/Meuuser 2005; Hess/Rusco-não 2010). Foram feitas análises sobre a assunção da guarda dos filhos mas mostrou que os parceiros que assumem a responsabilidade pelo cuidado do bem comum as mesmas crianças assumem o controle, as mulheres cientistas se concentram nas delas profissional habilitar o desenvolvimento (cf. Capítulo 3 neste Um livro).

Se e em que medida casais altamente qualificados requisitos, com aqueles particularmente Mulheres no

curso de vida confrontado *sob pressão ...!?" Biográfico orientações de cientistas* 121
antecipá-los e incorporá-los no planejamento conjunto de carreira e vida relacionado, tem sido pouco pesquisado até agora. Tendo em conta o acima A mencionada observação de uma "socialização" da ciência está em No que diz respeito aos resultados de pesquisas anteriores para levar em conta que em cientista e cientistas dirigido Expectativas de "auto-empreendedorismo" freqüentemente em relacionamentos de casal projetado tornar-se. Isso levanta a questão da tensão entre organização e parceria é negociada. Poderia, por exemplo, B. ser que parceiros e parceiros mulheres diante da perda de autonomia nas atividades profissionais dos cientistas uma parte cada vez maior do motivar os envolvidos. Que formas de divisão do trabalho que os casais incorporam ainda é desconhecido. Seria possível que Os parceiros estão cada vez mais assumindo tarefas que costumavam ser mais emparelhamentos "funcionais" (por exemplo, por patrocinadores em ciência). tornou-se. As relações de casal seriam, portanto, não apenas vistas como partes íntimas nerships para entender, em vez de também como científico (profissional) parcerias no sentidos de mútuo contente e mais estratégico Conselho. [1]

"

4.2 Orientações de carreira de mulheres cientistas(descrições de casos)

Nas descrições de casos, complementadas pela perspectiva de seus parceiro, que apresentam as histórias profissionais e pessoais de quatro mulheres cientistas foram questionados sobre quem tinha carreira acadêmica no momento da entrevista. [2] É trabalhado quais dados biográficos, de parceria e institucional fatores sobre o profissional orientações de bem-sucedidomulheres que trabalham na ciência.

4.2.1 metódico Continuar

O base para o Investigação lugar o no Quadro de projeto
"Fazendo uma carreira juntos" entrevistas qualitativas com conhecimento trabalhadores e seus parceiros. havia total 33 Ciência-

---

[1] A validade dessa suposição seria uma explicação adicional para a relativa carreira vantagem de mulheres cientistas cujo parceiro também como cientista empregado são (ver. Hess/Rusconi/Solga 2011a).
O termo carreira científica indica que as mulheres estão em uma idade e qualificação cação adequada ocupação doença. Para o no Projeto "Junto Carreira fazer" desenvolvido padronizado definição de carreira ver. Capítulo 1 em esse Um livro. alunos que estavam em diferentes estágios de carreira em cursos qualitativos entrevistas e doze de seus parceiros. Os entrevistados de qualitativo subestudo tornou-se fora de o participantes e participantes o pesquisa padronizada

selecionado (por favor consulte Capítulo 1 em esse Um livro).

A amostra qualitativa é composta por cientistas dos três dis- tirolesa (ciências sociais, técnicas e naturais), estágios de carreira e par Constelações de carreira juntas, que devido à padronização eram conhecidos durante a pesquisa e foram usados para a seleção de casos. esta combinação dimensionamento não corresponde à representatividade estatística, mas segue o considerações metodológicas da "amostragem teórica" do Grounded teoria (cf. Glaser/Strauss 1967). Isto torna possível, entre outras coisas, de acordo com a avaliação sociocientífico-hermenêutica com para trabalhar com variações de caso (cf. Reichertz/Schröer 1994), por exemplo, B. sobre Idade, número de filhos e envolvimento dos parceiros nos cuidados infantis húngaro

Os cientistas foram treinados em processos estruturados centrados no problema entrevistas detalhadas sobre episódios individuais de sua vida profissional e de parceria biografia questionado (ver. piada 2000). Incluído tornou-se Investigar flexível tratadas com a vontade de uma narrativa biográfica abrangente aumentar (cf. Hopf 1978; Schütze 1984). As entrevistas aconteceram no Geralmente no local de trabalho do respondente ou em outro escolhido por ele Localização em vez de e durou cerca de dois Horas.

O transcrito entrevistas tornou-se primeiro analítico de conteúdo e avaliados de forma comparativa (cf. Mayring 2003) a fim de quantidades em uma primeira etapa. Durante a análise de conteúdo A comparação de tópicos tornou-se tanto baseada em teoria quanto baseada em texto As transcrições das entrevistas foram codificadas. Isso permitiu que o agrupar autodeclarações dos entrevistados tematicamente e chaves relevantes categorias para uma visão cruzada do conhecimento subjetivo de cientistas sobre suas carreiras profissionais identificar. extrovertido de exemplar casos tornou-se então inter passagens de exibição selecionadas para uma avaliação de análise de sequência e inter- (cf. Hitzler/Honer 1997; Oevermann et al. 1979). O gerado achados relacionados ao caso são apresentados aqui.

Para enfatizar especificamente a importância das orientações biográficas do Para mostrar as mulheres no campo da tensão entre universidade e parceria, certas características foram mantidas relativamente estáveis para a presente análise dez: No momento da entrevista, os quatro cientistas aqui apresentados punkt com cerca de 40 anos e vive há mais de dez anos parcerias; três deles com filhos. Todos os quatro cientistas entender com Sucesso um Carreira; dois de eles são professores. Três dos parceiros de vida também trabalham como cientistas, em parte em o mesmo Área de Atuação. A companheiro é no o mesmo Área de Atuação fora de o *abaixo pressão ...!?" Biográfico orientações de cientistas* 123

ciência ativa. Três dos quatro casais realizam carreira dupla na quarto casal, só a mulher tem carreira no sentido do definição de carreira definida. Apesar do sucesso profissional de todos os responsáveis por esta vestir escolhido casos diferenciar em si histórias de carreira e comida situações o cientistas parcialmente forte de um para o outro. Além disso dois dos casos indicam um predomínio da orientação vocacional e dois para um predomínio da orientação familiar (ver Figura 4.1). Sobre Dessa forma, o campo de tensão entre instituições e parcerias mais científico Apoiar contrastante certamente tornar-se. O Meta o A descrição do caso é a inter-relação da ação profissional e parceria e contexto institucional na autodeclaração dez o mostrar mulheres cientistas.

Uma breve descrição dos casos com informações

sobre profissionais e parceiros curso assim como para o estrutura social o casas dos pais localizado em si em Seção 4.5 (Anexo deste capítulo).

2

4.2.2 *Para o Ciência nomeado (Caso 1: Behrendt)*

O primeiro caso aqui apresentado é um exemplo de um cientista que vive com um cientista igualmente bem-sucedido e em cujo parceria o responsabilidades familiares (gênero) atípico distribuído são (por favor consulte Seção 4.5.1). O orientação profissional de Mulher behrendt é na ciência como vocação e como carreira.

"Eu acho que eu tenho mais vontade de poder ou algo assim. Então eu, [...] eu vou sempre bem no meio de todas essas histórias, como corpos e tudo mais. leve tudo possíveis convites dentro das instituições em que trabalho e tal avançar. Fique atolado nisso também, e assim por diante. Mas meu outro significativo é mais forte focado e concentrado. [...] Nós dois já estávamos bastante calibrados, que queríamos fazer isso, trabalhar na ciência. No meu caso ainda mais do que com ele sem alternativa. eu [...] poderia fazer isso então e eu posso fazer isso agora sempre ainda não introduzir, O que EU de outra forma fazer poderia. Então também realmente de Pode aqui. [...] EU pensar, nós tive ambos naquela hora, acreditar EU, não disse, que nós apenas então terminar. [...] Mas para meu era por exemplo professor tornar-se nada inimaginável."

As ações profissionais da Sra. Behrendt são caracterizadas por uma profissionalismo científico habitual, que vem com um a capacidade de alcançar objetivos profissionais. De acordo com doença" deles família de origem, o já diversos gerações professou sores fora trouxe tem, leva ela não profissional alternativas verdadeiro. Ela segue seu caminho escolhido para a ciência e não descreve explicitamente a cátedra como um objetivo profissional, mas a aborda com maior é claro o em deles biografia empreendido passos em direção a ele. Obstáculos levantados por outros entrevistados, como uma já a precariedade financeira ou a impertinência, apesar de ter uma família geograficamente Ser móvel não parece importar para a Sra. Behrendt. decisão As candidaturas a ofertas de emprego são amplamente determinadas pelo seu perfil profissional individual o avanço do xadrez determina o que, em caso de dúvida, uma separação espacial de parceiro requer. Mulher behrendt entende Ciência como "Atitude",com isso ela quer dizer trabalho, família e vida às demandas da ciência orientar para uma carreira profissional. Corresponde assim ao literatura de pesquisa descreve o cientista apaixonado queaqueles com a "devoção" do todo descrita no início do capítulo pessoa para ciência vidas (cf. Beaufaÿs 2004).

Além do profissionalismo habitual, a atuação profissional de Mulher behrendt também através um orientação sobre influência marcado desenha. Ela tem um senso de posições de poder e, portanto, traz-se-metade nos órgãos de decisão estratégica das instituições, para os quais ela trabalha. Ofertas dirigidas a você, por exemplo B. Convites para palestras ou participação em comitês, ela raramente recusa. Este procedimento refere-se a eles como "indo no meio"; permite que a Sra. Behrendt para acompanhar o curso de seu desenvolvimento profissional. o para cima construir e manter suas redes científicas são tão importantes seu planejamento de carreira, bem como as candidaturas a cargos de seu interesse. A orientação de ação da Sra. Behrendt, portanto, move-se na extensão campo de tensão entre um alto é claro e um Acima- tiro de atividade profissional - o que significa que a Sra. Behrendt morre Individual passos deles carreira profissional com grande Sucesso realizado.

"Sob pressão ...!?" Biográfico orientações de cientistas 125

Ao mesmo tempo, fica claro que eles não podem seguir sua carreira sem o apoio língua outras pessoas perceberam:

"Então EU sou bastante seguro, que realmente sem esse pessoas e através o, O que ela para mim e também tornaram possível para outros, e estruturas que eles criaram no universidades, Como Escolas de graduação e então avançar, o não possível estive eram. Então foi repetido várias vezes em diferentes pontos, digamos assim, [...] EU muito apoia estive sou. Então o é bastante seguro o de alguma forma mais importante. [...] E o outro tão importante ou muito importante, [...] também um parceiro para quem é absolutamente evidente que ambos temos carreiras científicas ren fazer e que o não sobre custos de algo outro vai. Então que nós o ambos não então ver, que isto é chamado, então pode homem algo outro não ou então, em vez de com mesma atitude fazer ciência".

Uma boa conexão institucional permite que a Sra. Behrendt, ao longo desde o doutorado em uma rede próxima de apoiadores e apoiadores trabalhar para mulheres, de quem recebe muito apoio e também como um fator importante para o seu desenvolvimento profissional. Além disso, ela recebe muita liberdade em seus trabalhos para implementar suas próprias ideias de pesquisa zen e crie seu próprio perfil de pesquisa. Ela trabalha na promoção ção para posições com contratos de longo prazo, que você pelo menos para oferecem uma perspectiva por alguns anos. Sra. Behrendimentos para todo o seu desenvolvimento profissional.

A Sra. Behrendt também recebe apoio e aconselhamento em sua parceria. Lá dela parceiro também como cientista empregado é e o requisitos da profissão científica é o intercâmbio sobre a Campo uma parte importante das conversas regulares do casal e a mais solidário fator em o planejamento individual de carreira das mulheres Behrendt. senhor behrendt é a mais igual Parceiro, o em si acima também é o principal responsável por cuidar de crianças por longos períodos de tempo cuida. O casal negocia o trabalho da família com base nas necessidades. Mulher Behrendt é um pouco mais velha que seu parceiro, o que ela vê como uma vantagem. Ela é a primeira da relação a concluir os estudos e o trabalho de qualificação dez e então, com sua nomeação como professora, estabelece o mandato permanente responsável pela residência da família. [3]

Por ambos os parceiros compartilharem seus objetivos profissionais entre si e entre si apoiam-se mutuamente nas suas ambições profissionais, o casal no caso Behrendt para a Wissenschaft como uma "joint venture" no. Apesar dos mesmos objetivos, a Sra. Behrendt afirma em sua autodescrição praticam uma estratégia de carreira diferente para si e para o seu parceiro. na delimitação língua para deles ter orientação de poder descreve ela seu parceiro como

---

[3] No entanto, em sua autodescrição, esta última não é apenas descrita como apoiadora, mas também descrito como uma perda de flexibilidade espacial e temporal. Ela justifica isso dizendo que o domicílio comum da família seja transferido para o local de trabalho e que todos a responsabilidade cotidiana pelas preocupações das crianças recai sobre a Sra. Behrendt, enquanto isso antes dela parceiro essencial aceitaram tem.
mais motivados em termos de conteúdo e com interesse profissional em Para se tornar um especialista em seu campo. Esses diferentes, eles mesmos estratégias de carreira mutuamente complementares são o que está na

descrição A prática da Sra. Behrendt permite que ambos continuem suas atividades profissionais prosseguir com sucesso; que o foco de conteúdo do parceiro felizmente um consequência fora de o especial dinâmica de casal é, restos incluído desconsiderado.

Sr. Behrendt, que mantém um olho na coesão familiar, se encaixa sua busca de emprego às circunstâncias criadas pela Sra. Behrendt. Ele restringe-se parcialmente na hora de procurar emprego e escolhe seus profissionais Oportunidades para que a família possa continuar. o parceiro aberto sobre esse Caminho a espaço livre para Mulher Behrendt, em para o ela aparentemente despreocupado no interesse dela profissional progresso agir,interessante Lugar presumir e especial posições de status alcançar pode. O fato de que ambos os parceiros "puxam na mesma direção" é dez desequilíbrio, o depois anos Expressão em Mulher Behrendts

encontra "uma má consciência", [4] é claro que o Sr. Behrendt em relação não expressa nenhuma insatisfação com sua própria carreira profissional. Abrir- ele obviamente não entende seu próprio desenvolvimento profissional na competição ao de seu parceiro e, olhando para trás, não tem a sensação tecnicamente ter renunciado a oportunidades profissionais especiais. Sra. Beh rendimentos e dela parceiro provar em si com isso como *profissionalmente complementar* , o administrá-lo apesar das condições institucionais que exigem flexibilidade, uma Parcerias iguais baseadas no sucesso profissional de ambos os parceiros liderar a sociedade e uma carreira dupla - também no sentido romântico entender.

Embora Mulher behrendt e dela parceiro assim como no profissional como também alcançar um alto nível de satisfação na esfera privada também com eles "limites de viabilidade". Anos de deslocamento estão à frente especialmente um fardo quando o tempo para a família é muito escasso e não está mais disponível regularmente devido a distâncias excessivas. Para- fica claro que uma vida – como a do casal Behrendt – é uma requer um esforço logístico e de planejamento muito alto. De novo e de novo É verificado e acordado se e em que medida ambos os parceiros (e o filhos) se sentem confortáveis na situação atual e como é profissionalmente e com da família continua. A frequente troca comunicativa leva a que isto um altura conformidade em o interpretações de Mulher e Senhor

---

4 Na verdade, a Sra. Behrendt gostaria de ter uma parceria igual em que ambos os parceiros podem se realizar profissionalmente e assumir a responsabilidade pela família homens. Teoricamente, ela não quer cercear a liberdade profissional do companheiro e aliviá-lo das tarefas familiares. Na verdade, porém, o Sr. Behrendt já está assumindo logo após o nascimento do primeiro filho mais responsabilidades relacionadas com a família e transitar muitos Anos o responsabilidade primária para o Cuidado e educação de Crianças.

"Sob pressão ...!?" Biográfico orientações de cientistas 127

Behrendt sobre a vida juntos. Isso é com os outros não acasale consistentemente o caso.

4.2.3 *Em pequeno passos depois acima (Caso 2: ponteiro)*

O segundo caso apresentado é semelhante ao caso Behrendt para uma ciência senschaftler que divide sua vida profissional com ela em o Ciência fazer parceiro monitorados (por favor consulte Seção 4.5.2). No Em contraste com o primeiro caso, a Sra. Zeiher e seu parceiro não têm filhos. Mulher Zeihers profissional orientação dirige em si sozinho sobre Ciência como "Chamar" - ela se vê como uma pessoa dedicada exclusivamente ao contente de uma profissão e não pelo seu estado interessado.

"Aconteceu porque é apenas uma carreira. [...] Para mim não era agora o objetivo de ser professor em algum momento... eu só queria continuar pesquisando. [...] Foi particularmente importante que você sempre trabalhou muito diligentemente tanto durante o doutorado quanto também durante o pós-doutorado e tinha como objetivo, mas em pesquisa permanecer. Eu mesmo tentei adquirir recursos de terceiros [...], então primeiro o pós-doutorado Trabalho fora de pensar ter subsídios, e também o posição de habilitação na verdade."

A orientação de ação da Sra. Zeiher pode ser melhor descrita como "Política de pequenos passos". Sem uma cátedra como objetivo desde o início em mente, a Sra. Zeiher planeja seu desenvolvimento profissional passo a passo caminho. Enquanto ela sobre um posição é, tem ela o próximo estágio já no olho. Sua orientação profissional não é baseada em prestígio determinados cargos, mas na permanente mudança e melhoria de sua própria posição profissional. A ação profissional de A Sra. Zeiher é altamente adaptável aos requisitos e caráter do sistema de ciência. Ela conhece seu princípio pien exatamente e se descreve como trabalhador e orientado para objetivos. Para eles O planejamento de carreira envolve muita iniciativa pessoal. Ela sempre se aplica em tempo útil tig e para vários lugares ao mesmo tempo. Em suas aplicações ela é muito flexível. Ms Zeiher cria seus próprios empregos várias vezes, apresentando candidaturas para os seus próprios projetos e utilizando os fundos que angariaram sua própria posição também é financiada com seus próprios fundos. sua paixão por O conteúdo de sua atividade está em sua auto-interpretação da razão pela qual não requer nenhuma força para superar, em termos de requisitos e desempenho gene um carreira científica Exatamente "correto" para agir. Mulher ponteiro recebe a motivação central para o desenvolvimento de sua carreira exclusivamente lich fora de o conteúdo deles interesse e não, Como Mulher Behrendt, também alcançando posições de decisão. Sua representação de carreira científica como uma "carreira" implica que de certa forma eles não têm outra escolha tem do que ascender ao posto de professor.

Tendo como pano de fundo já ser professora, trabalha na sua Autodescrição como uma pessoa "que só quer continuar pesquisando" relativamente modesto. Essa autodescrição não é acidental: como alpinista educacional, ela não inicia sua carreira com o mesmo matéria natural, claro, como a Sra. Behrendt. Para não correr riscos galinha e possivelmente sem Oferecer ficar ao lado desenvolvido em si Mulher ponteiro cedo para o empreendedor deles Auto e financiado todos dela Posições até uma cátedra em levantamento de fundos de pesquisa. Para A Sra. Zeiher considera isso um motivo central no emprego para trabalhar em que são relativamente independentes dos superiores pode.

Nesta atividade profissional, a Sra. Zeiher corresponde quase integralmente a uma imagem do cientista como um auto-empreendedor, à qual a crescente sistema de ciência voltado para a eficiência e a competição. corte é: uma pessoa autoconfiante e adaptável son, que realiza pesquisas relacionadas a projetos financiados por terceiros. Simultaneamente A modéstia relacionada à origem da Sra. Zeiher torna-se necessária Estratégia. Ao contrário da Sra. Behrendt, a Sra. Zeiher não mostra ninguém do lado de fora vontade de poder. Ela não reivindica ascensão ou influência querer levar - características comportamentais que são mais prováveis de serem concedidas aos homens tornar-se. A Sra. Zeiher permanece modesta com seus colegas e é equivalente a com isso o esperado "feminino" conotado comportamental pintar. Esta retirada de conteúdo pode ser necessária para dentro do campo dominado pelos homens das ciências naturais, subiu para se tornar um cientista.

A carreira da Sra. Zeiher é caracterizada por uma sucessão de diferentes diferentes ocupações em que eles fazem a pesquisa que é de seu interesse pode perceber. Já no início da carreira e posteriormente ela tem patrocinadores e colegas que ela em seu empreendimento e para quem eles têm um relacionamento social próximo mantém contato. Logo no início da carreira, durante o doutorado, seu orientador de doutorado a incentiva a fazê-lo indo para o exterior tornar mais independente. Mas o que mais a beneficia é a experiência dela mais velho parceiros. Esse aconselha ela como especialista um semelhante para campo de pesquisa em termos de conteúdo e estratégia. "No entanto, acho que foi mais confortável para mim que ele estava um passo à frente era. Mas isso também significa que você tem a desvantagem de quase nunca viver em um mundo comprimento é, de fato. Mas ainda assim, [...] provavelmente foi muito estimulante também- ren. [...] Ele também me deu um tremendo apoio na [...] redação das moções. Ele tem [...] me apoiou e disse [...] que a pessoa poderia tentar uma vaga de habilitação receber, e como eu disse, mas para se candidatar ao cargo você mesmo.

A Sra. Zeiher é a estreita ligação entre relacionamentos

de casal e emprego remunerado através dela ter Pais confiável. O Pais – sem acadêmico final se - trabalharam juntos por muitos anos e certo no Profissão apoia. No Diferença além disso perseguir no entanto Mulher e senhor ponteiro Individual profissional Metas. O mútuo Apoiar tem por objetivo possibilitar a realização dos próprios objetivos. senhor Zeiher, que no início do relacionamento do casal já tinha uma carreira importante sprung não é apenas um parceiro e colega da Sra. Zeiher, mas também modelo e mentor. Sua carreira de sucesso mostra sua exemplar caminhos para dela próprio desenvolvimento profissional e oferece à Sra. Zeiher Orientação. Ela se beneficia da expertise de seu parceiro, que um campo de pesquisa muito semelhante em seu conteúdo e carreira replanejamento trabalhar para Página fica. Com sua nomeação como professora A Sra. Zeiher alcança profissionalmente seu parceiro; os marcou um ponto de virada em Relação de cargos profissionais do casal.

O casal leva muitos para realizar seus objetivos profissionais individuais Fases do relacionamento a distância na compra. Distâncias maiores são de ambos aceitaram, mesmo que isso reduza a vida juntos como Par significar. Também o indulto o começando uma família permite o Continuação da prática de relacionamento individualista. A legitimidade para esses cortes claros na vida privada e/ou familiar estão no Paixão com a qual a Sra. Zeiher descreve sua atitude em relação ao seu trabalho. ela é a justificação e legitimidade para a sua vida fora do trabalho passa para segundo plano. Embora a Sra. Zeiher tenha ideias claras sobre isso que ela não faria nenhum compromisso profissionalmente para o relacionamento do casal de, fica claro que a vida entre duas cidades não é permanente é fácil. A enorme quantidade de trabalho com que ambos os parceiros em suas cadeiras confrontado são, e o largo distância entre seu respectivos locais de trabalho e residência tornam os deslocamentos "exaustivos demais" e fazer com que o casal fique junto no máximo três finais de semana por mêsvê. Ao deixar claro para ambos os parceiros que eles só farão isso por alguns anos e não pode suportar a longo prazo, a instabilidade desta relação arranjos alimentares. O Oferecer dela parceiros ela poderia a qualquer momento fora de deixar o emprego quando "fica demais" não é o que uma mulher faz Zeiher deseja. No contexto de seu avanço profissional ao contrário, é claro que o Sr. Zeiher vê sua esposa profissionalmente como sua pupila, mas não como profissionais iguais. [5] Consequentemente, a Sra. Zeiher é a nige que afirma estar lidando com a situação atual muito melhor do que você parceiro tentando passar por um número reduzido de mútuo Visite Estabilidade em dela Relação para trazer.

---

5 Já vimos várias vezes essa forma de oferta de parceiros para suas esposas no Visualizações encontrado. Junto referir ela sobre a problema de reconhecimento o Homens atravessar de seu profissionalmente parceiros de sucesso.

4.2.4 *Procurar depois Segurança (Caso 3: Lehnert)*

Em contraste com os dois primeiros casos, que indicam domínio no mercado profissional o terceiro caso é um exemplo de um orientação no Meta o compatibilidade de Profissão e Família (por favor consulte Seção 4.5.3). A visão da ciência como vocação recebe sem caso um significado diferente e vem acompanhado de dúvidas sobre a Compatibilidade da ocupação científica com a família, por meio de perguntas de subsistência e o planejamento de trabalho e família adicionado.

"Isso me mostrou qual é a grande coisa sobre a ciência. Aquele dele ter projetos perseguir pode e simplesmente esse incrível Liberdade tem e basicamente fazendo o que você gosta todos os dias. Este é um privilégio incrivelmente trabalho de liga, eu acho. E tem o preço de não conseguir sobreviver financeiramente seguro dentro estabelecer pode sobre um bastante, bastante anseio Visualizar. E para meu possível nunca. Bem, chegar ao cargo de professor não é minha ambição. Então eu seria para mim na verdade sempre alegremente um nicho no edifício central procurar querer."

Mulher Lehnerts interpretações para o Ciência como campo de atividade são de Marcada por opostos, manifestada como indecisão até em sua encontrar histórico de carreira. Por um lado está a Sra. Lehnert de Cha- ator do trabalho científico muito convencido e o descreve como um criativo e variado Tarefa, o ela muito alegremente exercícios Ela gosta do trabalho científico e especialmente do substantivo Ela realmente aprecia a liberdade deste trabalho. No outro lado, a Sra. Lehnert comenta repetidamente que sua foto é de um atividade de criação além do trabalho de criação de conteúdo também por meio de um habilidade com o tempo para a família e lucrativa fonte de renda é determinada. A Sra. Lehnert vê essas condições no emprego habitual condições na ciência que estão a caminho de um mapa da ciência ré para diplomado são, não cumprido.

Uma olhada na carreira da Sra. Lehnert mostra que ambos a situação inicial assim como o percurso profissional não se desenham sem obstáculos dez. A Sra. Lehnert começa como uma alpinista educacional com menos cultura Capital e já encontra condições durante o doutorado que Iniciado em o científico Trabalhar tornar mais difícil. Ela doutorado sobre uma bolsa de estudos, quase não tem contato com seu orientador de doutorado e tem que perguntar financiar o terceiro ano do doutoramento através de comissões de trabalho e outros trabalhos. Depois de concluir seu doutorado, a Sra. Lehnert recebe apenas um contrato de um ano. O situação de emprego precária durante e após o doutorado é com você Necessidade de planejar e proteger a família e viver juntos com o parceiro. Antecipando a chegada da família Durante seu período de pós-doutorado, a Sra. Lehnert começa uma posição fora do da ciência para buscar seu horário de trabalho regular e longo prazo perspectivas de emprego oferecer deve. O aniversário deles Crianças movimentos o desejo de ter tempo fora do trabalho e financeiramente seguro estar no centro de suas ideias de trabalho satisfatório. A localização da atividade dentro ou fora da ciência portanto secundário. A indecisão da Sra. Lehnert no profissional A orientação também é evidente nos anos em que estiveram em um empresa é empregada: Ela reconhece a importância do conteúdo relacionado trabalhando como cientista, e retornará após a dissolução da empresa de volta ao trabalho científico. Desde então, ela tem estado em um curto lento como funcionário de meio período e não gostaria de suficiente para trabalhar em tempo integral. As relações de trabalho serão (Prospectiva) correspondência com a vida familiar selecionada, com o local e fixações temporais de As condições de trabalho são fundamentais.

O profissional Agir de Mulher Lehnert é através disso caracterizaque ela profissional ocasiões procura e percebe sem completamente depois querer acima. Embora a Sra. Lehnert se sinta chamada para a ciência, marcas em si dela plano de carreira através mudança de emprego e um certo Indecisão. Esta indecisão também deve ser vista como uma *expressão de estrutural precarização* científico relações de trabalho entendido tornar-se. Atividades sobre um perpétuo Trabalho em tempo parcial – como ela deseja a Sra. Lehnert após o nascimento de seus filhos - estão em sistema de ciência não pretendido. Semelhante Como no Mulher ponteiro recebe a ideia de uma vocação científica tem um significado diferente para a Sra. Lehnert ção: É limitado ao conteúdo sem avanço e querer perceber a tomada de fluxo. Ao contrário da Sra. Zeiher, ela vê no entanto – por causa de deles orientação sobre Família e validação – sob as condições dadas na ciência, nenhum profissional Futuro.

"EU deve honesto dizer, que EU o aproveitar ambos para ter e também realmente mais ter tempo para as crianças. E a posição de meio período me convém muito bem. Eu tenho às vezes a sensação de que meu marido tem menos problemas com isso, agora em tempo integral lugar para preencher e depois fazer menos das outras coisas. Mas ele diz que também sentiria vontade de dar a volta por cima, e então eu simplesmente faria isso tentar com o Trabalho em tempo integral, se EU o pegar. O é mas muito improvável."

Após o doutorado e o nascimento dos filhos, a Sra. Lehnert inicia sua transferir algumas de suas ambições profissionais para o parceiro. você con- estrutura sua carreira como não linear e deixa o objetivo orientado direcionou sua busca por uma cátedra para o marido, a quem ela apóia estabelecer-se na ciência a longo prazo.

Duas carreiras na ciência para realizar e ter uma família, a Sra. Lehnert aparece em não é possível devido a requisitos de trabalho. Em vez disso, ela espera que seu Mann logo ocupa um cargo vitalício como professor após habilitação bem-sucedida recebe e apoia a sua carreira científica através Cuidado o Crianças majoritariamente assume. Lá o previsível Fim o companheiro de trabalho dela parceiros está se aproximando e senhor Lehnert ainda não recebeu uma reputação A Sra. Lehnert precisa se candidatar a um emprego de tempo integral que ela não deseja emprego mantenha-se pronto em volta "se necessário" o Família para finança. O A afirmação de seu parceiro de que, em caso de dúvida, ela também é o ganha-pão da família ser pode, coloca Mulher Lehnert desde o começando uma família fortalecido sob Imprimir.

O idéias de família de Senhor Lehnert são através dele Pais,o ambos empregado eram, em forma e no um reivindicação de igualdade alinhado. As dificuldades para sua trajetória profissional são sua Mulher conhecida porque depois do nascimento dos filhos "só" trabalha a tempo parcial e assume a responsabilidade primária pelo trabalho de cuidado. A atribuição No entanto, ele acha que o papel de principal provedor é um fardo porque ele tem seus trabalho com para o risco amarrado junto vê, não seguir em frente ou seja não para obter uma cátedra. O Sr. Lehnert preferiria reduzir o risco para duas pessoas para distribuir , ou seja, ele *e* sua esposa. Usando o exemplo de um rejeitado ª oferta de emprego ao casal – com cinco anos de trabalho em mesma cidade – onde conseguiu um cargo de assistente em um jovem grupo e ele teria conseguido uma cátedra com pouca pesquisa Sr. Lehnert claramente que sua esposa assumirá o principal ganha-pão papel diminui. Ao mesmo tempo, ele assume menos trabalho familiar do que o próprio Esposa, ou seja, cuida dos filhos em casos excepcionais ou junto com seu Mulher que cuida de todos os compromissos regulares. Ele se arrepende, nenhum tendo tirado licença parental e às vezes tem dificuldades com isso envolver-se no cuidado das crianças.

Ao contrário de sua pretensão de agir como iguais no trabalho e na família querem, a Sra. e o Sr. Lehnert realizam uma tradicional divisão de tarefas, em que o Sr. Lehnert é o principal ganha-pão e a Sra. Lehnert é um ganha-pão adicional cuidador é. É muito claro que o emprego precário situação do casal Lehnert, ou seja, que o desenvolvimento profissional de ambos Parceiro no momento da entrevista não é claro, considerado por ambos como um fardo pesado é sentido. A insegurança ocupacional é transferida para o e se expressa na insatisfação de ambos os sócios com o atual devido divisão de papéis fora de. O Perguntar, Como o Tarefas distribuído tornar-se deveria, não foi finalmente esclarecido para a Sra. e o Sr. Lehnert qual é a relação arranjo de comida deixa o casal inseguro.

4.2.5 reconhecimento em Profissão e Família (Caso 4: Thiel)

O quarto caso representa uma cientista do sexo feminino com uma família dominante orientação, que aceita trade-offs em vez de privados (eles consulte a seção 4.5.4). Ela assume total responsabilidade por seu filho e atribui um papel secundário ao seu parceiro nos cuidados infantis. Profissionalmente é ela muito bem-sucedido e está funcionando sobre um empresa Trabalho. Apesar das semelhanças na orientação familiar, o caso difere em diferentes diferentes aspectos da Sra. Lehnert: É assim que a Sra. Thiel vai garantias funcionais possíveis para encurtar suas horas de trabalho a longo prazo e autodeterminado no que diz respeito à compatibilidade de trabalho e família está correto ser flexível.

"Sempre tenho a sensação de que não consigo terminar tudo aqui do jeito que posso gostaria, e em casa exatamente o mesmo. É importante que você aceite isso você mesmo e que você estabelece prioridades. Minha prioridade é a família e minha Criança. E enquanto eu fizer minhas coisas direito aqui e tiver a impressão de que o quadro geral está correto e meus alunos funcionários também estão desenvolvendo e se dão bem com seu trabalho, então tudo bem também. Eu tenho que Eu mesmo continuo repensando e fazendo concessões. [...] Profissionalmente. cotonetes profissionalmente, Privado Eu poderia não cotonetes fazer."

A Sra. Thiel valoriza muito seu trabalho como cientista. no tópico mento de suas ambições profissionais, a Sra. Thiel apresenta o conteúdo das respectivas projetos de gene e posições, bem como o escopo para pesquisa independente para o primeiro plano. A ciência oferece a

Sra. Thiel um campo profissional em que ela encontra realização, mas também respeito. Este último é apertado para eles obtenção de certos cargos e títulos. Embora ela Progressão na carreira através de um emprego virtualmente ininterrupto na ciência distinto, a Sra. Thiel não perseguiu o objetivo desde o início capaz de ficar. No início de sua carreira, ela trabalha para alguns meses em uma empresa privada. A decisão de A promoção também foi impulsionada por seu parceiro. Sr. Thiel - ele mesmo um médico torand, quando os dois se tornam um casal - encoraja a Sra. Thiel a ela dissertação avançada. As razões, na sequência de outra alta Mudar de escola e iniciar sua habilitação lá não mais discutido; mas a decisão, a habilitação iniciada apesar de atrasos através relacionado com a família interrupções e de letra de câmbio sobre um perpétuo Trabalho no dela área da matéria para fim. Lá ela teme que sua posição como conselheira acadêmica resulte em muito trabalho tendo que exercer sob sua qualificação ("funções de secretário"), o ela de satisfatório Trabalhar manter esperanças ela através o Alcançar o Habilitation mais tarde nomeado professor honorário em sua universidade tornar-se.

"Então z. B. a habilitação não precisa ser concluída em 2011 ou 2012, mas outro então será 2014 ou concluída em 2015."

As ações profissionais da Sra. Thiel são em comparação com os outros casos len através um serenidade marcado. Ela vê deles profissional Olhando para o futuro despreocupado, dando-se bastante tempo para concluir sua tese de habilitação e utiliza as possibilidades de redução da jornada de trabalho, dedicar ainda mais ao filho e sair da micropolítica assuntos do instituto tirar. Apesar de dela sem intervalos plano de carreira levanta a Sra. Thiel não afirma ser obstinada. No centro de Não há descrição de seu emprego, como é o caso da Sra. Lehnert, que ganhar dinheiro ou garantir família; em conexão com profissionais Para eles, a autorrealização representa valores como independência e aceitação da responsabilidade.

A compostura da Sra. Thiel no planejamento de carreira pode ser vista ao contexto institucional e de parceria em que seus profissionais a história está embutida, entenda. O contexto institucional em que a Sra. Thiel completa seu desenvolvimento profissional é caracterizado por um lado devido à boa integração no instituto, os cargos com comparativamente longos períodos de contrato e muitos anos de suporte de seu médico torvater, que o incentiva desde o início a definir suas próprias prioridades de pesquisa, e ela também depois o promoção além disso profissional e estrategicamente aconselha. Desde criança sua ausência entre os colegas era vista como falta ela sabe o valor do seu trabalho. ela aprecia o dela contribuição substantiva para o departamento como importante e insubstituível. O condições profissionais de ciências técnicas em que o empregado são geralmente bem equipados, permite a Sra. Thiel, em geral dois anos de licença parental sem perder o estatuto profissional temer.

Também em sua parceria, a Sra. Thiel é informada em vários níveis. apoia: Por um lado puxa o parceiro no seu localização e procure lá um novo trabalho; por outro lado, ele pode fazê-los devido ao mesmo Qualificações profissionais. A renda consistentemente alta os homens do Sr. Thiel representam uma salvaguarda para a Sra. Thiel. Com um outro nível, com creche, a Sra. Thiel declina o apoio seu parceiro, por outro lado. Ela reivindica esta tarefa para si mesma estabelecido com seu parceiro após o nascimento de seu filho modelo de relacionamento conservador em que a distribuição de tarefas entre os pais é tradicionalmente justificada em termos de gênero. A Sra. Thiel descreve o Profissão dela parceiros o em o setor privado empregado é, como único Emprego que não é compatível com as responsabilidades de cuidar dos filhos licenças, ou seja, não deve ser interrompido por uma licença parental porque seu Um emprego remunerado traz mais renda e, além disso, também para o diariamente Cuidado (por causa de um baixo flexibilidade de horário de trabalho) apenas muito restrito compatível é.

No total atende Mulher Thiel o Grande parte o decisões dentro de a família. Ela mesma organiza e cuida das crianças Responsabilidade primária pela criança comum. Esta família tradicional modelo é devido ao horário de trabalho flexível disponível para ela permite. senhor Thiel torna-se com isso simultaneamente como "chefe de família" vigarista-estruturada. Dele ambições, em si fora de Encontrado o insatisfação no trabalho no primeiro idade de criança também no o tempo de paternidade para participar, Quem-

o da Sra. Thiel rejeitou. Sr. Thiel, que caminho de estrume também em o ciências da engenharia doutorado tem, é em insatisfeito com seu emprego atual no setor privado. seu atual Ele descreve a atual situação de trabalho como muito estressante e sempre joga junto a ideia de renunciar ao cargo. No entanto, ele não relata concreto reorientações ou tentativas de saída. Semelhante ele se comporta preocupado com seu envolvimento na família e responsabilidades de cuidado que ele apenas a pedido de sua esposa. Ele não tirou licença parental trabalha em tempo integral e trabalha horas extras – em geralmente ele não é antes dos 19 relógio em casa. Embora critique a tradicional divisão de tarefas, é mas não uma opção ativa para a Sra. Thiel. A relação entre o Sr. Mulher Thiel é no total através um *complementar assimetria* marcado empates; ou seja, com todas as declarações sobre seu parceiro sublinha a Sra. Thiel o diferença para si mesmo (e vice versa).

tomados em conjunto prova em si Mulher Thiel como esperto Gerente, o isto cria em si não apenas profissionalmente usando seus colegas, mas também organizar uma rede de apoio privada através de seu parceiro que apoia suas escolhas de vida. A valorização do seu trabalho incita seus colegas, ela em todos os seus desejos de flexibilidade para apoiar o horário de trabalho e pausas mais longas devido à licença parental Zen. Em termos de complementaridade assimétrica, assegura-se através da Cuidado dela criança reconhecimento e Apoiar dela parceiros. Ao contrário da Sra. Behrendt, a Sra. Thiel não permite que seu parceiro seja ativo integração em o Puericultura, em vez de transmite ele apenas o Abandono da segurança financeira como sustento da família. o difícil coisas antes eles também A Sra. Thiel perguntou repetidamente ao longo de sua carreira desde o nascimento de seu filho, ela lida com um conjunto claro de prioridades língua. A sua forte orientação familiar leva-a a focar-se profissionalmente no para se concentrar nas coisas mais importantes - que você pode bem-sucedido.

4.3   Ciência entre Profissão e vocação

O relatos de casos, o no seguindo comparativo discutido tornar-se, mostram as orientações de carreira amplamente variadas de cientistas do sexo feminino e apontam para uma ponderação diferente do emprego remunerado e vida familiar dos entrevistados. Nas autodescrições claro que o ethos científico mencionado na introdução ainda é eficaz e as ações profissionais de mulheres cientistas bons guias. Todos os quatro cientistas abordam uma questão interior função para o Ciência, no entanto entender ela debaixo de diferente conteúdo te, atitudes e métodos de trabalho, como mostra a ilustração a seguir (um Resumo o respectivo profissional e orientação familiar encontra em si em Figura 4.2).

A reconstrução da orientação de carreira e o comportamento do As cientistas Ms. Behrendt e Ms. Zeiher vêm em termos de conteúdo o significado de vocação elaborado por Beaufaÿs (2004). No No primeiro caso, a origem do cientista favorece uma orientação de carreira designação, o com uma atitude profissional e auto-imagem da ciência como uma vocação e a busca obstinada de própria carreira e uma compreensão emancipada dos papéis em relação trabalho familiar mais fácil. No segundo caso, o foco está no conhecimento senschaft como uma vocação com o objetivo de igualdade de status com os mais velhos, científico bem-sucedido parceiro junto. Ambos cientistas estão muito envolvidos no seu desenvolvimento profissional (por exemplo, através de numerosos propostas de investigação) e sintam-se chamados ao trabalho científico. No entanto, ambos têm condições especiais que lhes possibilitam chen, a profissão científica como vocação para viver.

No primeiro caso, o alto comprometimento do companheiro na família trabalhar para garantir que o trabalho diário da Sra. Behrendt realmente de tudo o que não serve diretamente à ascensão profissional, "livremente nigt" (Beaufaÿs 2004: parágrafo 5). O parceiro permite que a Sra. Behrendt dedicar-se à sua profissão da mesma forma que a sua orientação profissional corresponde sem ter que fazer sem uma família. esses diferentes lembre-se das estratégias de carreira da Sra. Behrendt e seu parceiro - com Exceção à atribuição de gênero - também à distinção várias estratégias de carreira por Bock e De Jong (1994; citado por van Doorne-Huiskes/den Dulk/Peper 2005: 50f.). Estratégia de carreira da mulher Behrendt corresponde a uma "estratégia de carreira" com a qual De Jong se esforça um emprego a tempo inteiro, aproveitar oportunidades, ambição, iniciativa ação ativa e tornar visíveis as próprias habilidades. Esse A estratégia implica que uma certa liberdade para a própria carreira é ben, como é mais comum em homens. A estratégia de carreira de O Sr. Behrendt, por outro lado, mostra sinais de uma "estratégia profissional". ing, ou seja, um foco mais forte no conteúdo e um nível mais baixo de avalia as tarefas organizacionais da vida cotidiana do trabalho. modelo de parceria le, que possibilitam uma forte orientação profissional, foram durante muito tempo rentáveisfazer homens Reservado e encontrar em si sob mulheres cientistas especialmente se tiverem filhos, ainda hoje é raro (cf. Hess/ Rusconi 2010).

Também no segundo caso, o cientista segue me um foco exclusivo em seu trabalho. Ela posa com a ascensão o sucesso da profissão através da parceria e caminha junto com dela Parceiro, o também como professor empregado é, o fundação um amor familiar Como autoempreendedora, a Sra. Zeiher faz de sua vida profissional O sucesso é autorresponsável e se adequa às suas ações também na esfera privada aos requisitos profissionais. A ausência de filhos como estratégia ou como A consequência do sucesso profissional já é inerente à ciência constantemente discutido (por exemplo, Capítulo 3 deste livro; cf. Metz-Göckel/ Möller/Auferkorte-Michaelis 2009).

Embora a vocação "interior" para a ciência inclua também a autodescrição exercícios dos outros dois cientistas, sua dedicação ao trabalho por meio da orientação familiar, das ações cotidianas e da orientação o foco em proteger suas famílias é significativamente restrito. Então sabe Embora a Sra. Lehnert esteja muito interessada no conteúdo, as contradições entre as exigências da profissão científica e a Desejo de família leva o entrevistado a resumir, divisão do trabalho apenas uma pessoa pode fazer carreira na ciência. Através do tradicional compreensão do papel do casal, a sorte recai sobre parceiros que estão mais avançados em suas carreiras. No quarto caso, o A universidade para o cientista representa um campo profissional no qual eles podem perseguir interesses substantivos e que eles com sua vida familiar, o desempenha um papel central, pode ser conciliado muito bem. O existente aproximar Carreira- e orientação de status é de perto com os fatos ver- que uma renda segura (cargo permanente) só é possível em altos cargos le) pode ser alcançado. Ambos os cientistas veem na ciência um trabalho que eles praticam, além de outros aspectos de suas vidas pode. Para dela compreensão profissional ouviu também o claro limitação o horário de trabalho, ou seja, trabalho a tempo parcial. Devido ao melhor contrato condições, a possibilidade de trabalho autodeterminado e, em última análise, também a posição permanente, a Sra. Thiel experimenta seu trabalho como cientista como compatível com seu mirar em outros Áreas da vida. Mulher Lehnert, os devidos aos contratos por tempo limitado e à colaboração em projetos está sob muito mais pressão, vê suas expectativas em relação à ciência haste como Profissão, o o compatibilidade com outros objetivos na vida, menos conheceu como Sra. Thiel.

Uma vez que todos os quatro entrevistados tiveram sucesso, mas nem todas as quatro mulheres já têm reputação de profissionais receber uma cátedra ou uma posição segura dentro do sistema de ciência temas, apesar das diferenças de orientação profissional ção e o desenho de trajetórias de carreira não compõem exatamente o que che orientação supostamente "melhorar" para o bem-sucedido diplomado uma carreira científica. As orientações no trabalho e na família são estreitas interligado com o quadro institucional e de parceria e orientar as atividades profissionais e familiares de mulheres cientistas chamar. No caso da Sra. Lehnert, ficou claramente demonstrado que após o nascimento dos filhos mais fortemente na conciliação da família e carreira A orientação dirigida pelo cientista no sentido de auto-seleção fez com que certas ofertas de emprego fossem rejeitadas e o parceiro orientado para a carreira Metas para transferir. Aqui torna-se o profissional Até-desistiu com o companheiro para a vida familiar: o perguntou o cientista mudando da ciência para os negócios, depois, de volta à ciência em meio período para assumir a responsabilidade primária por adoção de crianças no modelo tradicional de família. Essa família orientação está intimamente ligada à sua orientação profissional e não é diferente: O cientista não busca o institucional posição planejada de um interessante trabalho de pós-doutorado como meio, mas fixo Trabalho. O sistema de ciência vê a "metade/n Investigador" não propõe, razão pela qual procura encontrar na ciência a sua orientação profissional sociedade, retirando suas próprias reivindicações. O oposto pode ser devido a ajustes de orientação profissional na família área. Essas adaptações vêem mudanças familiares Formas de vida, como no caso da Sra. Behrendt, por causa de seu trabalho não mora no mesmo lugar com seu parceiro, ou como no caso da Sra. Zeiher, que não constitui sua própria família por causa de seus objetivos profissionais. o profissional Orientação antes e durante a fase de constituir família e a Perguntar depois o profissional Segurança depois o fase familiar são com isso um importante fator de influência para a carreira acadêmica (cf. também Capítulo 3 em esse Um livro).

Ao comparar as orientações de carreira de mulheres cientistas além disso sobre, que um fixo e claro ancoragem em o Ciência, que estão em emprego contínuo como funcionários científicos beiterin coloca, leva a uma avaliação diferente das próprias chances como a através concessões ou O desemprego interrompeu a carreira. São oferecidos como uma conexão flexível de longo prazo com um departamento Bolsista sem vínculo empregatício ou vínculo empregatício muito curto após o doutorado relacionamentos torna-se um carreira universitária como incompatível com o profissional e objetivos de vida avaliados. Então pode ser inseguro, sem apoio Condições estruturais como no caso da Sra. Lehnert para mudar o orientação profissional e/ou familiar. Aqui mostra que o difíceis condições iniciais de sua carreira científica, apesar do alto motivação intrínseca para se afastar temporariamente do sistema de ciência tem pode liderar. O cientista, que no início que têm menos obstáculos a superar em suas carreiras profissionais, trabalham em estreita colaboração com mentores e mentores ou outros apoiadores juntos homens trabalham, ao longo da carreira uma orientação profissional cada vez mais forte, ou seja, vontade de subir. É assim que a Sra. Thiel vai cada vez mais importante ter um cargo adequado às suas qualificações assumir, pelo qual recebe reconhecimento. Isso faz com que eles que apesar de seu cargo permanente como conselheira acadêmica, ela está concluindo sua habilitação concluir e gostaria de ser promovido a professor.

compara homem o Planos da Carreira o cientistas com aqueles de seus parceiros, também é perceptível que os parceiros costumam ter relacionamentos mais longos têm relações de trabalho lentas e contínuas e certamente mais otimista sobre dela profissional Futuro em o Ciência olhar, embora também abordem parcialmente as incertezas causadas por contratos curtos Isso corresponde em grande parte ao mencionado acima por Jaksztat, Schin- Der e Briedis (2010) elaboraram descobertas sobre diferenças de gênero divorciado a avaliação de oportunidades de carreira em o Ciência.

4.4 Resumo e panorama

O presente Contribuição visualizado o especial Significado o igual projeto o relacionamento de casal para o realização mais bem sucedido Planos da Carreira de cientistas e poder claramente até que ponto o instituição faculdade carreiras por mulheres pode promover.

Como regra, as mulheres cientistas se entendem em comparação com as delas parceiros como profissionalmente Mesmo. No alguns cientistas consiste esta igualdade já no início da carreira e pode ser alcançada através da A progressão na carreira pode ser mantida. Outros cientistas por outro lado, reorganizem-se parcialmente no decurso das suas carreiras, nomeadamente ré porque ela depois o promoção apenas fora de o Ciência fixo Coloque ou encontre oportunidades de emprego de meio período. Outros ainda só Progressão de carreira para colegas profissionais, compartilhando suas experiências profissionalmente avançadas um parceiro em termos de status profissional, responsabilidade profissional e venha pegar. Uma vez que não está claro até tarde se o objetivo profissional de conhecimento através de um cargo permanente como professor (ou che Councilor) pode se tornar permanente, jogar as inseguranças profissionais para todos os casais têm uma necessidade maior de planejamento. Este rascunho do futuro é feito por Casal para casal configurado de forma diferente, e os parceiros entram no Papéis do modelo profissional, o colega, o provedor do filhos-semente ou o ganha-pão da família, cada um tem diferentes Interpretações para o desenvolvimento profissional de mulheres cientistas. Se Cientistas em seu parceiro são uma força confiável na família área e um intercâmbio intelectual a nível profissional. então, eles podem atender às demandas de uma carreira científica em um de uma forma que permite a compatibilidade com a família. um casal dinamik, que é orientado para objetivos comuns abrangentes, está com o Perceber sua própria carreira é muito útil. O apoio do ner pode assumir diferentes formas e também se referir ao limitar o nível profissional. Como mentores e consultores estratégicos, parceiros que apóiam o cientista em seu avanço profissional zen e por exemplo suas carreiras como autônomo para fazer backup.

até que ponto falta prático Apoiar através o parceiro também no caso de carreiras científicas de Mulheres *sem* Crianças um papel jogadas permanece incerto no contexto de nossas avaliações, uma vez que este não se aplica a nenhum dos casos analisados. cientistas com filhos, que não têm apoio na área privada ou profissional tanto mais dependente do quadro institucional. Encontrar eles têm condições no sistema de ciência que lhes dão perspectivas seguras e oferecer a possibilidade de trabalho flexível, uma empresa ideal Apoiar os parceiros na garantia do seu próprio sucesso profissional. Se você não os encontrar, sua própria carreira no sistema científico torna-se um problema. ato de corda bamba.

Em conclusão, pode-se afirmar que na ciência predeterminado institucional ocasiões, o até para o cátedra não proporcionar emprego permanente em um lugar, dependendo da estrutura social origem cultural e biográfica dos cientistas e dependendo habilidade de o respectivo dinâmica no Par muito diferente para o disposição o ter Planos da Carreira usado tornar-se pode. O caso escritos mostram que um fundo de classe média puramente educado chão dado familiaridade com o científico método de trabalho não necessário Condição prévia para o bem-sucedido realização um representa uma carreira científica. A análise também deixa claro qual ambivalências em particular alpinistas educacionais no apresentar o sistema de ciência genética para ser profissionalmente bem-sucedido e prosseguir pessoalmente de forma satisfatória uma carreira acadêmica.

As carreiras científicas, como mostramos, exigem muito menções à sua candidatura. Por um lado, o ethos da ciência profissão científica como uma vocação teimosa; funciona profundamente na vida design de muitos cientistas. Simultaneamente estão aumentando, além da exigência de uma nomeação acadêmica Necessária dinâmica de auto-empreendedorismo. [6] Durante o despertar enviar reivindicação para a capacidade de empregabilidade e nomeação de cientistas demandas feitas por cientistas sobre as habilidades de autovalidação, Conhecimento e manutenção de contatos, bem como habilidades estratégicas em artesanato o ter Carreira ir com um dissociação de esforço e Resultado, ou seja H. científico Sucesso junto e solicitado Conhecimento-pesquisadores científicos para falar sobre carreiras científicas como "feitas falar" (cf. Enders 2003).

No contexto das condições especiais de carreira na ciência examinamos como as mulheres encontram seu caminho para a ciência embarcar em uma carreira e o que os motiva nesse caminho para uma cátedra para perseguir. Mulheres, o um carreira científica esforço, conhecimento em volta os requisitos especiais e agir em conformidade; mas colide- combinar suas orientações de carreira com outros objetivos na vida; uma compatibilidade de trabalho, parceria e família é devido a uma mudança de local, longa vezes e temporal restrições um pisou no o idade fase de qualificação adaptada difícil de alcançar. O sistema de ciência tem oferece (ainda) poucas possibilidades para uma mudança conjunta de local e sem possibilidades de uma idade independente, individualiza da fase de qualificação ou promissores cargos de gestão a tempo parcial. para um Lidar com as diferentes tarefas de um cientista emprego requerimento isto atualmente Parceiro, o o Plano o Mulheres apoiar. As carreiras científicas de sucesso são particularmente Mulheres negado, cujo vocação em deles relacionamento de casal vivido torna-se. Em nessas relações de casal, as carreiras científicas das mulheres são (com) projetados, ao mesmo tempo em que esses casais atingem os limites de suas forças. organizacional Exigências tóricas de mudança de locais de trabalho e longas jornadas de trabalho são experimentadas como exigências irracionais a longo prazo. As mulheres, por sua vez, que não estão em forte igualitário orientado relacionamentos de casal integrado são, carregar o Estruturação de trabalho e família principal responsável sozinho. você está acima institucional "nichos" dependente ou vida sem parceria (e

---

6 O conceito de autoempreendedor está relacionado com o conceito de empreendedor científico diferenciar. esta última designada cientista e mulheres cientistas o em si estabelecer-se profissionalmente na interface da ciência e dos negócios como na tecnologia nik- e Ciências Naturais para observar (Joelho/Simon 2009: 537).

família) no sentido tradicional de um lugar comum de residência e meu passou o tempo livre.

O sucesso profissional das mulheres cientistas está, assim, presente intimamente ligada à presença de parceiros de apoio e não através regulações institucionais garantidas pela ciência. o submarino O suporte para parceiros pode assumir várias formas e variar dependendo dos projetos de vida dos casais para a área profissional ou focar na vida privada. Para o sucesso profissional do conhecimento No entanto, atualmente acontece que aqueles que são particularmente bem-sucedidos cujo parceiros com eles "juntos Ter uma carreira".

4.5   Anexo: descrições curtas o casos

4.5.1 histórico profissional e estrutura social caso 1

Aos 40 anos, Behrendt é um pouco mais velha que seu parceiro. ela é social senschaftler e tem seu doutorado e habilitação neste assunto concluído. Na época da pesquisa, a Sra. Behrendt trabalhava como professora sorin. Seu parceiro é um doutor em ciências naturais que é entrevistado tempo no um Instituto de Pesquisa no dele habilitação está funcionando. O Casal tem carreira dupla. A relação de casal entre mulher e homem Behrendt começou logo após a Sra. Behrendt e existe há cerca de 15 anos. O casal tem dois filhos menores de dez anos anos são.

Desde a obtenção de seus diplomas universitários, ambos os parceiros assumidamente científico trabalhado. Também eram ambos quase continuamente sobre mudando temporário Lugar ocupado, com o Exceção o Licença maternidade de menos de meio ano pela Sra. Behrendt e um cada fase muito curta de desemprego de ambos os parceiros para diferentes Pontos de tempo. Enquanto a Sra. Behrendt estava fazendo sua pesquisa em uma escola de pós-graduação carreira científica começa, o Sr. Behrendt trabalha continuamente Cargos de tempo integral financiados por terceiros ou com financiamento básico. desde meu doutorado ambos os parceiros para cargos que eram conhecidos por meio de um contrato mais longo são assinados (mais de cinco anos). A Sra. Behrendt descreve suas posições como tal, sobre aqueles ela relativo independente e livre pesquisar poderia e ao

mesmo tempo muito apoio positivo através da incorporação institucional de seus atividade e por seus superiores, bem como patrocinadores dez tem. Sra. e Sr. moram e trabalham até o nascimento do primeiro filho Behrendt em diferentes lugares por muitos anos. Para o nascimento do primeiro Criança, eles determinam um local comum de residência, que é baseado no local de trabalho de Senhor behrendt cai e no para o o comum Crianças vida. Mulher
Behrendt viaja por muitos anos e até assumir o cargo de professora ao seu local de trabalho. Depois disso, o casal perdeu o comum residência principal em seu local de trabalho; agora seu parceiro viaja diariamente. Sra. Behrendt tem formação educacional. Ambos os pais eram empregados e empregados em posições de liderança na ciência. Na família de Senhor behrendt tem o Pai um acadêmico Treinamento e éempregado, o Mãe era em o primeiro dez anos de vida o Crianças não está funcionando.

4.5.2 *histórico profissional e estrutura social caso 2*

A Sra. Zeiher tem quase 40 anos e é nove anos mais nova que seu companheiro. Ela obteve seu diploma universitário em ciências naturais, doutorado quarto e habilitação. No momento da pesquisa, a Sra. Zeiher e seu Parceiro ambos como professores no mesmo assunto. Eles se conheceram na fase de doutorado da Sra. Zeiher, quando ambas estavam no mesmo instituto e o Sr. Zeiher acaba de concluir sua habilitação. o relacionamento do casal consiste desde mais de dez anos.

Sem exceção, a Sra. Zeiher trabalhou na ciência. ela começa seu plano de carreira em europeu Fora do país, onde ela cresceu e obteve seu diploma universitário. Quase dois anos após a formatura Por fim, ela se muda para a Alemanha, inicialmente como pesquisadora colega para trabalhar e então a estudos de doutorado registro. Depois Diploma deles promoção está funcionando ela desatado sobre mudando, Posições temporárias de pós-doutorado em vários locais. Nisto Ela pode pesquisar de forma relativamente independente. Ela consegue isso por apresenta suas próprias propostas de projetos e seleciona os principais temas que interessado. Está sempre bem encaixado institucionalmente. ela tem um grande ßes rede profissional e recebe muito apoio, principalmente no início sua carreira por meio de seu orientador de doutorado. Também o parceiro da Sra Zei- ela tem trabalhado como cientista ininterruptamente desde que se formou. Até sua habilitação, ele se financia principalmente por meio de bolsas de estudo. No primeira metade do relacionamento, Sr. e Sra. principalmente em lugares separados. A Sra. Zeiher se desloca entre o própria localização e a do seu parceiro. Vive durante sua habilitação e o casal trabalha na mesma cidade. Com sua nomeação, a Sra. Zeiher uma cátedra em uma universidade a mais de quinhentos quilômetros de distância. O Sr. e a Sra. Zeiher passam de dois a três fins de semana todos os meses junto. Nem os pais da Sra. Zeiher nem os de seu marido ter acadêmico graus adquirido. Enquanto o Pais de Mulher Zeiher trabalhavam em tempo integral sem cargos gerenciais, apenas o pai trabalhava em tempo integral na família do Sr. Zeiher Posição de liderança.

4.5.3 *histórico profissional e estrutura social caso 3*

Mulher Lehnert é Como dela parceiro algo acima 40 Anos velho. Seu estudar licenciatura em ciências naturais, na qual também filmado. No momento da entrevista, ela trabalhava como assistente de pesquisa trabalhador de uma universidade. Seu parceiro também é um cientista, que está empregado como assistente de pesquisa no momento da entrevista e no dele habilitação está funcionando. O Par tem um carreira dupla. Mulher e o Sr. Lehnert se reuniram no final de seus estudos, o que fizeram quase ao mesmo tempo completo, cumprido. No momento da entrevista, o relacionamento do casal pendurado por cerca de quinze anos. Eles são casados e têm dois Crianças menores de dez anos são.

A Sra. Lehnert está procurando o mesmo lugar que seu pro- renderizador de filme parceiro primeiro um apropriado Trabalho e doutorado com uma bolsa de estudos. Ao contrário de seu parceiro, a Sra. Lehnert se volta para o promoção de o ciência fora e está procurando um emprego na área científica área relacionada a negócios. Ela assume uma posição que é interessante em termos de conteúdo não bastante deles qualificação é equivalente a, mas depois alguns Tempo indefinidamente torna-se. Após o nascimento dos filhos, a Sra. Lehnert perde antecedência de seu empregador este emprego. Então ela passa por cima de dois anos de licença parental e dá mais uma guinada para a ciência Ciência. Ela se inscreveu com sucesso para uma bolsa de pós-doutorado que seu permite a reentrada científica e funciona como um Funcionário científico em projetos de pesquisa em mudança. o contratual comprimentos de atividades acadêmicas são antes e depois promoção em vez de curto (sob três anos). No contraste além disso é senhor Lehnert

–   com exceção de uma curta fase de desemprego logo após grau - continuamente na ciência sem mudar de carreira ocupado. Depois Diploma o dissertação leva ele um Trabalho no Fora do país e comuta para o seu local de residência comum. Quando o casal espera um filho ele volta de volta ao lugar comum de residência. O Sr. Lehnert trabalha como científico Funcionários e começa dele habilitação. Enquanto em da família do Sr. Lehnert, nenhum dos pais tem um diploma acadêmico na família da Sra. Lehnert, o pai tem um diploma acadêmico. A divisão de trabalho entre os pais da Sra. Lehnert foi caracterizada por uma divisão tradicional do trabalho e desemprego da mãe. também a coragem O pai do Sr. Lehnert era o único responsável pelo cuidado das crianças, foi ao mesmo tempo ela porém em tempo integral empregado.

4.5.4 *histórico profissional e estrutura social caso 4*

Mulher Thiel é escasso 40 Anos velho e nove Anos mais jovem como dela Parceiro. Ela tem dentro das ciências técnicas seu diploma universitário e sua Doutorado adquirido. Sua posição como conselheira acadêmica, que ela ponto de vista no tempo e em que ela se habilita, recentemente foi indefinidamente estive. Seu parceiro também é um cientista técnico com doutorado para o hora da entrevista um emprego em um setor privado empresa tem. A Sra. e o Sr. Thiel se conheceram alguns anos depois estudar graduação de Mulher Thiel conheceu. Para desta vez tem0 Sr. Thiel já possui um doutorado. No momento da entrevista, o casal desenhando por cerca de dez anos. O casal é casado e tem um filho, o menos de dez anos é.

Depois de completar seus estudos, a Sra. Thiel inicialmente trabalhou por alguns nato em uma grande empresa do setor privado. depois disso muda ela vai para a universidade e trabalha como assistente de pesquisa. Aquilo é são suas posições na ciência antes e depois do doutorado limitadas, mas seus contratos de trabalho são de duração comparativamente longa. já dela primeiro ocupação em o a ciência dura cinco anos, e sua posição de pós-doutorado se estabiliza antes da conclusão de sua habilitação. Ela também recebe apoio de seu orientador de doutorado após o doutorado. Durante a licença parental de dois anos, o seu empregador permite-lhe pode continuar a trabalhar cientificamente e "ficar na bola". Em comparação à ininterrupta carreira profissional da Sra. Thiel, a profissional execução do parceiro mais versátil. Depois de um curto período de desemprego ele inicia sua carreira profissional com estudos de pós-graduação, após os quais Graduado a partir de uma posição como assistente de pesquisa. Isso cai no período anterior ao início do relacionamento com a Sra. Thiel. Depois um novamente, quase um ano de desemprego, ele muda para no setor privado e, desde então, trabalhou para várias empresas. O primeiros anos de relacionamento vivem e trabalham em duas coisas diferentes Localizações. Durante esse período, o Sr. Thiel se desloca para seu escritório várias vezes por mês parceiro. Mesmo antes de a Sra. Thiel engravidar, seu parceiro mudou empregador e se muda para a mesma cidade. Os pais da Sra. Thiel têm sem ensino superior. Ambos foram empregados continuamente; a mãe primeiro em tempo parcial, mais tarde também em tempo total e com tarefas de gestão. Na família do Sr. Thiel, ele trabalhou continuamente sem cargos gerenciais pai trabalhador um grau académico. A mãe trabalhou até para o décimo segundo ano do Sr. Thiel não.

5. Consequências de diferentes interdependênciasarranjos individuais e dupla carreira

5.1 Introdução: O Mito da Carreira

Conforme explicado no segundo capítulo deste livro, cientistas e cientistas em parcerias acadêmicas gênero específico Oportunidades para arranjos de ganhadores duplos e ganhadores únicos ou únicos. A questão neste capítulo é até que ponto essa interdependência ter, por um lado, suas próprias oportunidades de carreira e, por outro lado, as chances de influenciar a realização de carreiras duplas. Então é sobre a pergunta ge, até que ponto além de uma "mera" participação no conhecimento da vida profissional trabalhadores e dela Parceiros em o Posição eram, cargos profissionaispara alcançá-lo correspondeu aos investimentos educacionais realizados e perspectiva sobre o desenvolvimento profissional (mais) (cf. Capítulo 1 neste Um livro). Os cientistas são bem-sucedidos profissionalmente? cher (ou seja, é mais provável que tenham uma carreira) se estiverem na parceria um emprego perseguir? E fechar temporário Sozinho- ou. arranjos de ganhador único inevitavelmente mais tarde dupla carreira fora de? No o responder esse Questões deve simultaneamente em o literatura comum Explicações para a realização ou fracasso de carreiras duplas sobre o bancada ser perguntado.

Como mito e ao mesmo tempo como realidade institucional, a carreira garantir uma conexão consistente e de longo prazo com o mercado de trabalho necessidade - juntamente com a oportunidade de passar pelo suporte mais uma pessoa na "frente doméstica" completamente sua poder dedicar-se à sua profissão e desenvolvimento profissional (cf. Beck-Gerns-lar 1983; Gene 1994; Moen/Roehling 2005):

"(...) a mística da carreira requer duas condições: (1) uma economia em expansão com ou pelo menos percursos profissionais seguros, e (2) trabalhadores com outra pessoa – um trabalhador a tempo inteiro dona de casa - para fornecer apoio na frente doméstica. Hoje, essas duas condições são raramente conheceu para qualquer homens ou mulheres". (Moen/Roehling 2005: 9)

Se isso for assumido para todas as ocupações altamente qualificadas, pode-se supor que que o Precisar, em si esse mito para adaptar em Ramos profissionais com carreiras longas e mais incertas como ciência mais forte disponível é. Por causa de o esmagadoramente temporário emprego relacionamentos abaixo da cátedra e a relação profissional relativamente limitada alternativas depois de muitos anos de emprego no sistema de ciência a pressão sobre os cientistas aumenta, por um lado espacialmente flexível aproveitar as opções existentes e, por outro lado, ser flexível em termos de tempo e com alta intensidade de tempo de trabalho vários indicadores de sucesso (como publicações mentos financiamento de terceiros, gerenciamento de projetos, ensinando experiencia) para servir, em volta esse requisitos de carreira apenas para tornar-se ou. o

"Mito de puro-sangue e cientista em tempo integral" manter (Construção 2003: 243). Então sucesso o vocação sobre um cátedra eficar na academia não é, os cientistas estão devido às longas fases de qualificação, em regra muito antigas para steiger/innen (com experiência profissional exclusivamente em pesquisa e ensino) para encontrar um emprego fora da comunidade científica (Room/Krimmer/ cavalariço 2007: 104).

De acordo com esse mito de carreira, esses cientistas e cientistas melhorar oportunidades de carreira ter, o um anos conexão no o mercado de trabalho mostrar pode e cujo profissional Desenvolvimento e prontidão operacional através um não-emprego o parceiros foi "apoiado". Cientistas em um único ganhador acordos devem, portanto, ter vantagens sobre seus colegas em

dupla têm arranjos de ganho. [1] Ao contrário, a carreira de cientista e cientistas em parcerias de um único ganhador,
ou seja em arranjos entrelaçados, em aqueles ela auto anseio fases o não-emprego tive, particularmente ameaçadas de extinção ser. Esse premissas são alimentados pela observação de que carreiras em ciência sociedade são (ainda) moldadas por expectativas que muitas vezes tipo ideal um "macho biografia normal" recurso (ver. velho 1994; Moen 2010) (cf. capítulo 1 deste livro), ou seja, para uma formação vocacional estilo de vida equilibrado com uma biografia profissional direta e contínua. A questão deste capítulo é até que ponto essas suposições podem ser confirmadas bem como por que e quando (em que condições) as carreiras duplas são ainda possíveis são.

---

1 Neste capítulo, a interdependência de longa data termo do histórico de emprego de cientistas e seus parceiros aqueles apenas o cientista ou. o cientista empregado é (ver. Seção

5.3 assim como Capítulo 2 em esse Um livro).

Consequências de diferentes arranjos de interdependência

5.2 dupla carreira – o mito da carreira para o Apesar de

Na dupla carreira, os casais têm - de acordo com o mito da carreira e o assumiu "biografia normal masculina" - na verdade, ambos os parceiros apenas oportunidades limitadas para atender aos requisitos de carreira acima são equivalentes a. no entanto ter ela isto feito, que ambos parceiro não
são "apenas" empregados (no sentido de casais com dupla renda), mas também Progressão na carreira adequada à idade e qualificações, em alguns casos até liderança ou primeiras posições em seu respectivo profissões, alcançado ter. Como esses casais conseguiram, apesar dos desafios adicionais? coordenando duas carreiras e apesar da falta de apoio por uma dona de casa/marido não apenas um (ou nenhum), mas para realizar duas carreiras? Por que todos não podem fazer isso? Casais que querem isso?

Existem várias explicações para isso na literatura, que diferentes possibilidades dos casais devido às suas constelações de casal (ou seja, a combinação de características individuais dos dois parceiros), (não-) Enfatize a responsabilidade pelas crianças e pelos arranjos de moradia. A vista nas *constelações de pares* é em vista do mito da carreira, entre outras coisas interessante porque mesmo casais com dois assalariados se sentem compelidos a fazê-lo poderia dar prioridade ao desenvolvimento profissional (ver Capítulo tel 4 neste livro) para que um dos dois parceiros tenha uma carreira pode perceber. Os resultados da pesquisa existente realmente indicam que que auto em casais com dupla renda por causa de de mobilidade e ou Requisitos de disponibilidade das duas atividades profissionais, bem como por o começando uma família freqüentemente o profissional Desenvolvimento de um parceiro – muitas vezes o homem – a quem é dada prioridade (cf. por exemplo, Ackers 2004; Bathmann/Müller/Cornelissen 2011; Becker/Moen 1999; Boyle etc al. 2001).

No entanto, também existem achados na literatura para outros parceiros estratégias de carreira acadêmica. Por um lado, há uma visão mais "individualista" sche" estratégia, com a qual ambos os parceiros são relativamente independentes um do outro. Perseguir carreiras e ambas corresponderem ao mito da carreira (masculina) tente (por exemplo, Bathmann/Müller/Cornelißen 2011; Dettmer/Hoff 2005; Millet/Herma/Schneider 2005).

Por outro lado, os casais também buscam um relacionamento "igualitário" ou coletivo. estratégia familiar em que ambos os parceiros estão dispostos a trabalhar juntos vivem cortes e concessões em relação à própria carreira pegar. Com este arranjo, pode haver restrições em ambos ré vir, porque o potencial de carreira A favor de o Família não estar exausto. Também responsáveis por isso são certamente os muitos diversos requisitos "anti-parceria" de carreiras profissionais (ou o mito da carreira), bem como o *gênero do fazer institucional* – ou seja, o desigual expectativas e reações sobre o profissional e mente de compromisso familiar de homens e Mulheres (ver. Bathmann/Müller/Cornelissen 2011; Becker/Moen 1999; Behnke/Meuuser 2005; Painço/Herma/Schneider 2005).

Por um lado, justifica-se a prossecução de diferentes estratégias os conceitos de gênero, relacionamento e parentalidade (cf. Bathmann/Mül- ler/Cornelißen 2011), bem como os conceitos de carreira dos casais ou ambos parceiro (ver. Capítulo 3 e 4 em este livro). Por outro lado influencia também o equilíbrio de poder entre os parceiros, o gestos no Par e com isso o condições de realização de carreiras (cf. Blood/Wolfe

1960).

O literatura para economia doméstica justificado decisão de emprego processos de formação em pares (cf. Becker 1991; Ott 2001) sugere *que diferenças de renda* reduzem significativamente a chance de dupla fonte de renda e Influenciando arranjos de carreira dupla. Sua realização é acima de tudo em perigo se os sócios ganham quantias diferentes. dado os lucros que podem ser obtidos com um emprego melhor remunerado, seja – assim se argumenta – no interesse de ambos os sócios, esse lucro situação para maximizar, criando um favor de emprego lucrativo o outro do par é abandonado (por exemplo, quando se move ou quando nascimento de filhos) ou mesmo se duas pessoas estiverem empregadas as exigências e o desenvolvimento profissional dos melhores parceiro de serviço é dada prioridade. Para uma conclusão semelhante luta vir também intercâmbio teórico modelos – voltando sobre Blood and Wolfe (1960): Aqueles na parceria têm mais recursos tem, com isso tem uma maior assertividade para os seus próprios profissional Interesses (ver. Emerson 1976; Capuz 1983). consequentemente pode a expectativa a ser formulada de que duplique carreiras com maior Probabilidade de casais com "ganhos iguais" (ou seja, ambos os parceiros ter a semelhante Renda) como de casais com renda divorciado percebeu pode se tornar.

Nessas abordagens teóricas, a maximização da utilidade ou a baseado em recursos processos de negociação gênero neutro conceptual ted. Ou seja, independentemente do sexo, o parceiro ou parceira deve mais capacitado para exercer sua atividade profissional garantia Interesses impor – sob circunstâncias também sobre custos o carreiras diferentes e, consequentemente, uma carreira dupla. Uma série de serve, porém, que uma melhor posição negocial do parceiro não na mesma medida uma renúncia ou limitação de desenvolvimento profissional do parceiro (cf. Bielby/Bielby 1992; Jürges 2006; Shauman 2010). Levando isso em conta, para a relação de renda ção em parcerias, formula-se uma segunda expectativa: dupla carreira são antes tudo em casais ameaçadas de extinção, no aqueles o Homem (Conhecimento-

schaftler ou Parceiro) mais merecido, enquanto ela no um mesmo ou até rendimentos mais elevados da mulher são mais aplicáveis.

De maneira semelhante, a *constelação de idade* no parceiro schaft - e a lacuna de carreira (pelo menos potencialmente) associada se os parceiros não tiverem a mesma idade - para a realização de carreiras duplas desempenhar um papel. Ou seja, nas sociedades em que os sócios têm idades diferentes, o parceiro mais velho pode ter uma vantagem na carreira ter. É empírico e normativo - mesmo para casais altamente qualificados - geralmente o homem é mais velho que a mulher (cf. Rusconi/Solga 2007; Solga/Rusco- ni/Krueger 2005). [2] O argumentação para o Conexão de renda diferenças humanas e arranjos de carreira em parcerias seguindo, poderia o mais velho parceiro (ou. se disponível, o mais velho parceiro) melhorar em o Posição ser, o ter profissional Interesses em o parceria aplicar. Mas também para a constelação etária, estudos anteriores mostram investigações de que eles não representam uma relação puramente temporal e de gênero neutro (cf. Rusconi/Solga 2007; Solga/Rusconi/Krüger 2005). Em vez disso é partir de conceitos de idade codificados por gênero, de modo que seja de Significado é, Quem – Homem ou Mulher – mais velho é. E então mostrar já as análises no segundo capítulo deste livro que arranjos de dupla fonte de renda relacionamentos um pouco mais frequentes por casais com uma constelação etária atípica pode ser realizado, ou seja, por casais em que as mulheres (cientistas mulheres ou parceiras) são mais velhas que seus maridos. Neste capítulo deve ser examinado em que medida eles usam sua vantagem de idade para o real de dupla carreira usar pode. Por causa de de afinação Dificuldades em alinhar os requisitos de carreira (semelhantes) também pode ser formulada a expectativa de que pessoas da mesma idade Os parceiros são menos propensos a ter carreiras duplas em geral para e em o Ciência no especial ter como casais com um Diferença de idade. A questão subjacente é: Até que ponto é uma equalização relacionada à idade dos requisitos profissionais para dupla carreiras, e este é particularmente o caso quando ambos parceiro um carreira científica entender querer?

Sabe-se também que a passagem de uma parceria para uma Desenvolvimento profissional familiar (com filhos) de mulheres e homens influenciados de forma diferente (veja o Capítulo 3 deste livro). Isso é devido ao uma das expectativas sociais e atribuições de papéis que pelas mulheres (internalizadas ou por falta de opções de apoio externo) levam a assumir a responsabilidade principal pelos *filhos* para que algumas mulheres interrompam seus compromissos profissionais ou reduzir (deve). Outras mulheres não usar de qualquer maneira

---

2 Também foi encontrado em nossa população de estudo que os cientistas do sexo masculino são mais velhos como dela parceiros eram, cientistas mas mais jovem como dela parceiro (ver. Kapi telefone 1 em esse Um livro).
realmente têm a responsabilidade principal e, portanto, têm um "fardo duplo" - quer devido a uma reivindicação não igualitária sobre o parceiro sociedade ou porque têm dificuldades, também a sua reivindicação igualitária em volta- ou Force até o fim para pode (ver. Capítulo 3

em esse Um livro; Hess/ Rusconi 2010). Esse fardo duplo pode para um Desvantagem para dela liderar o desenvolvimento profissional. Em segundo lugar, as mulheres em geral podem e mães em particular, independentemente da organização real e responsabilidade pelo cuidado da criança por meio de processos de estatísticas Discriminação (cf. por exemplo, Inglaterra 2005) por parte de seus empregadores em seus desenvolvimento profissional são dificultados, se não impedidos. Isso é Este é o caso, por exemplo, quando colegas do sexo masculino ou sem filhos exclusivamente com base no desempenho quantitativo, mas não qualitativo características de promoções ou a atribuição de tarefas de gestão contra ser preferida às mães. Isso pode levar a dupla casais de servos com crianças por causa de o potencial restrições o Carreira o Mulher (Cientista ou parceiro) menos em o Posição estão a realizar uma carreira dupla. Isso será examinado a seguir ser.

Além disso, há alguma evidência de que o trabalho e a vida familiar são são particularmente difíceis de conciliar com a ciência (cf. Lind 2008; Metz-Göckel/Selent/Schuermann 2010). Por exemplo, mulheres cientistas por exemplo, devido a perspectivas de emprego inseguras e nit mais frequentemente não Crianças como graduados da faculdade em geral (Metz Göckel/Selent/Schuermann 2010: 19). Por um lado, o medo de desvantagens em suas carreiras, muitas mulheres cientistas cancelá-lo ou adiá-lo (cf. Lind 2008). Por outro lado, sinta antes principalmente mães, mas cada vez mais também pais em seu desenvolvimento profissional prejudicados por colegas e superiores (cf. Lind 2008). Para o- depois poderia ser esperado que os casais onde ambos os parceiros no Ciência empregado são, menos comum dupla carreira com crianças entender como casais ocupacionalmente heterogêneos. Por outro lado, análises anteriores s que casais com origens ocupacionais heterogêneas trabalham na academia concebido como aquele que pode ser melhor combinado com a puericultura é - e com essa justificativa, a tarefa era então principalmente a cientistas para (ver. Hess/Rusconi 2010; Hess/Rusconi/Solga 2011a). tal estereótipos de gênero atribuições de Jornada de trabalho- ou flexibilidade de local de trabalho são menos possíveis em casais acadêmicos porque aqui ambos os parceiros praticam a profissão (supostamente) mais flexível. consequentemente alternativamente, poderia-se esperar que as carreiras das mães e Falando nisso, é mais provável que carreiras duplas com filhos sejam academicamente homogêneas. em casais ocupacionalmente heterogêneos percebeu pode se tornar.

Finalmente, uma carreira acadêmica ou estágio como científico filhos freqüentemente o modo de vida um flexível e singles móveis (cf. Metz-Göckel/Selent/Schürmann 2010) ou um único padrões de ganhos dos casais (cf. Geenen 1994). Especialmente para acadêmicos A mobilidade geográfica é um fator importante para pessoas com educação mista parte das carreiras profissionais, de modo que os acadêmicos mover-se, em média, frequentemente (cf. Becker et al. 2011; Büchel/Frick/Wit- te 2002; cortador etc al. 2008). Esse requer de alto qualificado casais

–   que desejam realizar carreiras duplas - muitas vezes podem usar multilocais ler arranjos de habitação com esse requisitos de mobilidade Etapa segurar e assim uma espécie de "duplicação do modelo de carreira 'masculino'" concluir (Bathmann/Müller/Cornelissen 2011: 131s.). Nessa medida ver- Não é surpreendente que os casais acadêmicos com mais frequência (do que outros grupos educacionais) caneta) vivem em arranjos de vida multilocais que são privados de deslocamento diário,

Comutações de fim de semana para acordos de convivência (LAT) suficiente (cf. Schneider et al. 2008). Esses arranjos de vida servem para manter ou viabilizar a carreira profissional de ambos os sócios (cf. Schneider/Limmer/Ruckdeschel 2002). Além disso, surgem maior mobilidade espacial e o resultante multilocalqualidade de coexistência também fora de o profissional incerteza por causa de de contratos a termo (cf. Becker et al. 2011; Schneider e outros al. 2008).

Mesmo que arranjos habitacionais multilocais permitam a realização de dupla podem apoiar carreiras de animais de estimação, eles são frequentemente associados a um tempo considerável, custos financeiros e emocionais (cf. Rhodes 2002; Schneider/Limmer/Ruckdeschel 2002). Além disso, toda mudança de carreira pode estar vinculado à mobilidade geográfica, de modo que haja um alto nível de flexibilidade no Arranjos de moradia pelos casais são necessários. Não são casais agora dispostos a morar em residências separadas (LAT ou deslocamento de longa distância) podem Isso leva a limitações nas oportunidades profissionais para um ou ambos os principais parceiros (cf. Jürges 1998a, b). Um grande número de estudos mostra contribuem para o facto de as mulheres terem mais probabilidades de ter os seus locais de residência e trabalho nas zonas de mobilidade Alinhe as demandas do homem e não o contrário - seja como "seguindo em frente" Parceiro (transportador vinculado) ou propriedade local (permanente vinculado) (cf. Bielby/Bielby 1992; livro 2000; Büchel/Frick/Witte 2002). [3]

Devido às relações de trabalho predominantemente temporárias, metade da cátedra na universidade alemã ou sistema de ciência, bem como a propagação diferente (específica da disciplina) de outras mais longas Permanece no exterior (por exemplo, como pós-doutorado; cf. Hess/Rusconi/Solga 2011a; Zimmer/Krimmer/Stallmann 2007) como componente um corrida científica

---

3 Se isso também se aplica a mulheres e casais com formação acadêmica em geral, pode-se Estudo sobre mulheres cientistas naturais e engenheiras com doutorado (com atividades dentro metade e fora da ciência), porém, mostram que nenhuma dessas mulheres após o A promoção correspondia ao tipo "empatado" ou "empatado" (Becker et al. 2011: 49f.). O domicílio comum com seus parceiros tem sido um grande número dessas mulheres através anseio diário tempos de deslocamento permite ou. manter.

bahn, é de se esperar que arranjos de vida multilocais - como longa distância deslocamento (ou seja, mais do que deslocamento diário para o local de trabalho de um ou mesmo no Parceiro) ou Arranjos LAT (ou seja separado Local de residência) – em parcerias academicamente homogêneas são mais frequentemente a realidade de casais do que em campo ocupacional heterogêneo casais. Além disso poderia no casais de ciência
arranjos de vida "imóvel", ou seja, vivendo em um Local sem deslocamento ou com deslocamento diário máximo, com maiores Desvantagens para carreiras duplas do que para campos profissionais heterogêneos casais.

Além disso, pode-se supor que os parceiros em casais científicos têm que mudar de local de trabalho com mais frequência do que aqueles que trabalham fora Ciência. Isso pode levar a uma maior dinâmica dos arranjos habitacionais conduzem ao primeiro. Sobre a influência de diferentes dinâmica de mobilidade pode oposto expectativas formulado tornar-se:
(a) Dinâmica de mobilidade que não infra- ou mesmo

permitir a combinação (ou seja, uma melhoria) Chen, carregar carreiras duplas. (b) profissional Mobilidade, o com um mudança ou deterioração do arranjo de vida está conectado, pode o Perigo aumento que uma carreira é colocada à disposição, e, assim, também reduzir a chance de uma carreira dupla.

Estas diferentes hipóteses sobre a influência das constelações de pares mentos e acordos de interdependência sobre o sucesso profissional de mulheres e o realização de dupla carreira tornar-se no seguindo examinado. Para tanto, primeiramente é apresentado de forma descritiva em que medida as mulheres cientistas e cientistas foram capazes de realizar uma carreira e se isso é realizado no âmbito de acordos de carreira simples ou dupla tornou-se. Em uma segunda etapa, a importância das interdependências de longo prazo padrões de relacionamento em parcerias. Aqui o mito da carreira posto à prova, e haverá respostas para ambos inicialmente perguntas formuladas: até que ponto os cientistas senschaftler profissionalmente mais bem sucedido se apenas você em sua parceria emprego perseguir? E de que maneira limite temporário Sozinho- ou arranjos de um único ganhador posteriormente oportunidades de carreira dupla? em um terceiro passo, as hipóteses sobre o significado das constelações de pares ções a respeito de Renda, Idade, Estar disponível de crianças earranjo de vida verificado.

5.3 Métodos

base de dados esse capítulo são o padronizado curso de vida inter Visualizações o cientistas assim como (separado) deles Parceiros. Com ele, apenas os cientistas são incluídos na análise para quem um A entrevista do parceiro está disponível (cf. capítulo 1 deste livro). lá no Este capítulo enfoca as consequências dos arranjos de emaranhamento em Casal e a influência das constelações de casal para a realização de carreiras individuais e duplas, apenas as ciências são considerados aqueles que completaram pelo menos o último ano da observação período (veja abaixo) com este parceiro eram. [4]

Como período de observação para o padrão de entrelaçamento tornou-se o Fase da vida seis a doze anos após o primeiro grau cientista. A seleção deste intervalo de tempo permite, as carreiras profissionais dos sócios mais jovens (e raramente parceiros mais jovens) dos cientistas que devido à sua idade, mais tarde do que os cientistas receberam seu primeiro grau grau (cf. Seção 5.4). Junto com os usados aqui definição de carreira e empiricamente no o maioria o questionado Conhecimento- schaftler/innen são os primeiros seis anos após a Promoção, bem como em torno do período em que a maioria dos entrevistados primeiro filho (ver Tabela 1.2 no Capítulo 1 deste livro). Então é uma fase muito crítica em que a maioria dos cientistas (deve) se preparar para a transição para uma cátedra e no e as demandas familiares podem colidir fortemente. Desde muito poucos pesquisadores que (ainda) não obtiveram seu doutorado são observados há tanto tempo eles eram geralmente (para evitar efeitos de seleção) da sequência análise excluídos. O multivariado análises para Individual e Carreiras duplas (na época, doze anos após a formatura) portanto, também se referem apenas àqueles que possuíam doutorado no momento da entrevista cientistas e professores.

Conforme discutido com mais detalhes no primeiro capítulo deste livro, a participação na vida profissional não é característica suficiente para a presença uma carreira; os fatores decisivos são o conteúdo da atividade e a perspectiva sobre um profissional (desenvolvimento adicional.

Para cientistas e Parceiros tornou-se baseado o Informação fora de seu entrevistas o Alcançar uma carreira como uma posição profissional dentro ou fora da ciência operacionalizada que corresponda às suas qualificações e funcional Velho correspondido. 5 Baseado nele tornou-se dupla carreira como

---

4 10% dos cientistas com doutorado (incl. professores) foram removidos da análise se excluídos por ainda estarem solteiros ou com outro companheiro na época. ner junto eram.

5 Para as carreiras acadêmicas, doze anos após a graduação são considerados essenciais recritérios o exercício de atividades altamente qualificadas ou o cargo de cientista funcionário (incluindo bolsas), o doutorado e a assunção de responsabilidade para nomear (por favor consulte Capítulo 1 em esse Um livro).

tais constelações de emprego são definidas em que ambos os parceiros gene tempo um - em os sentidos que acabamos de mencionar – tinha uma carreira.

Com base nas informações fornecidas pelos cientistas e seus parceiros sobre suas atividades, a respectiva interdependência Arranjos de histórias de emprego nas parcerias reconstruídas (por um Descrição o aplicado Seqüência- e método de cluster ver. Capítulo

2 em esse Um livro). O análise o padrão de entrelaçamento o Os históricos de emprego em parcerias mostraram para o período de seis a doze Anos depois estudar graduação ao lado de o quatro já conhecido inspecionar (único e único ganhador, bem como academicamente homogêneo e ocupacional arranjos terogênicos de dupla fonte de renda; veja o Capítulo 2 deste livro) dois outros padrões que não podem ser discutidos em detalhes aqui. [6] Como já discutido em detalhes no segundo capítulo deste livro, também mostra para este período que mulheres cientistas significativamente mais freqüentemente do que as deles macho Colegas em cientificamente homogêneo parcerias vivido (29% vs. 12%), ou seja, ambos os parceiros eram ativos no campo científico. [7] Além disso, os arranjos de um único trabalhador foram devidos a uma longa gene não-emprego mais frequentemente no cientistas para encontrar (14,5% vs. 1% dos cientistas). [8] Por outro lado, eles assumiram substancialmente o único papel de provedor com menos frequência do que seus colegas do sexo masculino (5% vs. 32%). Dificilmente existem diferenças de gênero na disseminação de doenças ocupacionais. Sociedades de dupla renda heterogêneas de campo, ou seja, casais em que o Cientistas dentro e seus parceiros fora da ciência haste empregado eram (27% o cientistas e 30% o Conhecimento-schaftler).

Para a análise da influência das constelações de pares no acaso Doze anos após a formatura, o respectivas constelações um ano antes. a *renda diferenças* no casal foram agrupadas em três categorias: "Igualmente diferentes Casais servos são aqueles em que ambos os parceiros ganham aproximadamente o mesmo dez, enquanto na categoria "cientista mais" os sócios algo menos até significativo menos como o cientistas ganhar

6   Por um lado, isso inclui um pequeno grupo de cientistas (3%) que deste período foi com o atual sócio, mas nos seis anos viviam principalmente como solteiros ou tinham um parceiro que não era o parceiro atual é. Por outro lado, havia um grupo muito maior (21%) cujo período de observação mais curta como o seis Anos era (no mediana 31 Meses).

7   quantitativo descrições tornou-se a respeito de de gênero, o nível de carreira e As disciplinas são ponderadas de modo que - conforme previsto no plano de amostragem (cf. Capítulo 1 em esse Um livro) – sempre para mesmo ações representar são.

Cientistas do sexo feminino em parcerias de um único ganhador estavam no período de observação em mediana 45 Meses não empregado, ou seja H. enquanto escasso três Trimestre o Tempo dez, e vice-versa na categoria "Parceiro mais". 9 na *idade narrativa* distinguem entre duas categorias que na parceria – conhecimento empregado ou sócio – é mais velho. Casais onde a diferença de idade entre o parceiros máximo doze Meses fraude, tornou-se como "até velho" codificado. A *presença de filhos* refere-se ao nascimento do primeiro filho biológico. Eventualmente, os *arranjos de vida foram divididos* em quatro Categorias exibidas:

–   "No mesmo lugar" se o casal morasse no mesmo lugar e um ou ambos os parceiros se deslocam diariamente para o trabalho no máximo (ou seja, apenas durante o diaao longo de um outro local de trabalho eram);

–   "Samambaias pendulares (ZP)" se o casal morasse no mesmo local, mas Cientista para o removido Ambiente de trabalho comutado e lá para ficou por vários dias/noites;

– "Deslocamento de longa distância (PA)" se o casal morasse no mesmo local, mas o Os sócios, cada um com uma estada de vários dias, deslocavam-se enquanto o Cientista em Residência permaneceu

– "LAT", ou seja, acordos de convivência, se os parceiros separado residências viviam e trabalhavam.

Antes da importância dos arranjos de emaranhamento e constelações de pares mentos para realizar sua própria carreira e carreiras duplas verificado usando análises multivariadas (para detalhes, consulte a Seção 5.5), a próxima seção descreve como os cientistas cientistas foram capazes de iniciar suas próprias carreiras trabalhando e como isto no quadro um Carreira dupla aconteceu.

5.4   Um ou dois carreiras?

Seis Anos depois estudar graduação tive o maioria o cientista e mulheres cientistas uma carreira de acordo com o acima definição de carreira. Isso foi um pouco mais comum entre os homens do que entre os homens Mulheres (79% contra 69%). cientista e cientistas sobdiferiram muito mais em qual constelação de parceria eles realizaram suas carreiras: É verdade para ambos que uma carreira dupla constelação o mais comum arranjo era (43% ou. 51%; Ilustração 5.1) – mas enquanto mais de três quartos das mulheres cientistas com uma carreira Papel um casal de dupla carreira era, eram isto no o macho Colegas

---

8   As constelações de renda e habitação foram baseadas nas informações fornecidas pelo cientistas sobre a relação de renda e o modo de vida na parceria enquanto deles para para o tempo exercido Tarefa codificado.

9

apenas cerca de metade (77% vs. 55%, não mostrado). Em contraste com percebeu mais de um terço dos cientistas, mas apenas 15% de seus colegas uma carreira em um arranjo de uma carreira. Além disso realizado em quase um quarto das mulheres cientistas, mas apenas 10% de seus colegas apenas o parceiro cria uma carreira. Resumindo, isso significa: Se mulheres em parcerias têm uma carreira, então geralmente "comum sam" com o parceiro. Para os cientistas, no entanto, isso é muito menos freqüentemente o Caso.

Outra diferença clara entre cientistas e cientistas senschaftlerinnen consiste nas razões para uma carreira perdida. O macho cientista sem Carreira (seis Anos depois grau final) eram esmagadoramente empregado ou bolsistas (81%). O significa que eles foram empregados, embora não (de acordo com o definição de carreira definida) adequado à educação e à idade. Por exemplo, eles tinham caminho ainda não Promoção. No o cientistas sem Carreira por outro lado, apenas pouco menos da metade estava empregada (49%). sua carreira perdida saem com mais frequência do que seus colegas não empregados junto. [10]

10   Um quarto desses cientistas (mas nenhum de seus colegas não profissionais) estava em licença-maternidade Outros 10% dos cientistas sem carreira estavam desempregados; o os deles estavam exercendo outra atividade (por exemplo, estudos adicionais) (16% das mulheres e 8% o Homens sem Carreira).

Vemos o mesmo com nossos parceiros: quase três vezes mais muitos parceiro Como parceiros sem Carreira eram empregado (65% contra 23%). Uma das razões para isso foi que o dobro de parceiras do sexo feminino O parceiro ainda não obteve um grau académico neste momento (19% vs. 9%) - e por isso ainda não têm/iniciaram carreira poderia. A causa está, entre outras coisas, na idade típica do parceiro escolha: os homens eram em sua maioria mais velhos que suas parceiras. O Sócios que ainda não possuam grau académico neste momento eram em média 5,5 anos mais jovens que seus parceiros. Com a ciência No entanto, também pode ser observado entre os parceiros que falta de carreira entre as mulheres com mais freqüência do que entre os homens com um não emprego conectado é. [11]

Mesmo doze anos após o primeiro grau, a maioria dos maioria dos cientistas tem uma carreira (86% e 73% respectivamente). Mais uma vez é evidente que as mulheres cientistas estão seguindo suas carreiras realizada principalmente no âmbito de um acordo de carreira dupla: Bei quase três quartos das mulheres cientistas com uma carreira tiveram seu parceiro também têm uma carreira, enquanto menos da metade de seus pares têm gene com carreira foi o caso (72% vs. 47%, não mostrado). Embora a ciência cientista e cientistas para esse tempo até algo tiveram uma carreira própria com mais frequência do que seis anos antes, o dobro Parcerias de servidores não são mais as mais comuns para cientistas homens constelação de carreira (40,5% vs. 53% das mulheres cientistas; ção 5.1). Neste momento, os cientistas agora (se também escassa) a constelação de uma carreira, na qual apenas ela mesma tem uma carreira tive (45%). No o cientistas veio isso constelação apenas metade então freqüentemente antes. constelações de uma carreira, no aqueles apenas o Papel- ners tinham uma carreira, para os cientistas do sexo masculino a exceção, enquanto eles ainda concordam com cerca de 16% de seus colegas fen. Isso mostra mais uma vez que as carreiras científicas são predominantemente compostas por mulheres suficiente como parte de de dupla carreira tomar lugar e dupla carreira – dentro e fora da ciência - principalmente por falta de uma Carreira de cientistas ou parceiros falham.

Ao contrário de seis anos antes, tanto a ciência homens e mulheres cientistas sem carreira na sua maioria empregados, se também não educacional e idade apropriada (96% ou. 72%). [12] Então tiveela por exemplo ainda não promoção ou não funções gerenciais. No

---

[11] Um quarto dos sócios sem carreira (mas sem companheiro) estava em licença parental. Cerca de 11% dos sócios e 9% dos sócios estavam desempregados, os demais foram para outras atividades dez depois (23% o mulheres e 18% o Homens).

[12] Outros 15% dos cientistas – e novamente nenhum

colega – estavam em licença parental. 11% dos cientistas (e nenhum colega) estavam desempregados. os outros completos dez a adicional Estudos.

os parceiros masculinos sem carreira também eram mais de três telefone empregado, no o parceiros no entanto menos como o metade (77% contra 40%). Agora, porém, o estudo inacabado não era mais médio a causa disso, mas acima de tudo a licença parental. [13]

Em resumo, pode-se afirmar o seguinte: cientistas e cientistas correr em parcerias eram por um lado relativamente bem sucedido, uma carreira alcançar, ou seja, alcançar uma posição profissional que corresponda às suas qualificações cação e sua idade institucional. A grande maioria de cientistas masculinos e femininos tiveram doze anos após o estudo conclusão do serviço de uma carreira. Por outro lado, apenas cerca de metade dos senschaftler/innen com sucesso neste "junto" com seus parceiros para para entender. O Falhar de dupla carreira foi principalmente devido falta de carreira para as mulheres, seja por falta de emprego (sobretudo com os parceiros dos cientistas) ou porque o posição de trabalho não era educacional e apropriada para a idade (especialmente no caso de cientistas).

No entanto, carreiras não se fazem "da noite para o dia", elas são Resultado de muitos anos de desenvolvimento profissional - que também está no maioria dos homens e mulheres em uma parceria ocorre. O que Entrelaçamento dos arranjos das carreiras Cientistas e seus A prática dos parceiros foi discutida na Seção 5.3 e com mais detalhes no Capítulo tel 2 deste livro. A seção a seguir examinará agora tornar-se, qual Influência esse padrão de entrelaçamento sobre a realização das carreiras de cientistas, bem como de dupla carreira.

5.5   O mito da carreira posto à prova

A questão de até que ponto os padrões de interdependência existiram nos seis anos anteriores foram praticados, a probabilidade (definida pelo tempo) de uma carreira e de dupla carreira influência, tornou-se usando de probabilidade linear regressões examinado. [14] O retratado coeficientes de regressão imprensa

---

13 Porque naquela época só um sócio não tinha sócio Grau acadêmico. Cerca de um quarto dos sócios sem carreira estavam em licença parental (9% dos homens), outros 10% estavam desempregados (6% dos homens), os restantes deixaram um outros atividade (por exemplo: B. um avançar Estudos ou Estágio) depois.

14 Ao lado de o padrões de entrelaçamento e o par de constelações verificar o modelos para outros recursos que não são discutidos em detalhes. Com os cientistas mentos: coorte de graduação, disciplina de primeiro grau, nascimento na Alemanha Oriental ou Ocidental país, emprego da mãe durante a infância, formação acadêmica dos pais, Duração da atividade exercida no momento, promoção. Para os sócios: emprego no setor público ou no setor privado, emprego a termo ses, promoção assim como para o homogeneidade do sujeito no Par.

dependendo do arranjo de interdependência, aumenta a probabilidade de conhecimento 12 anos após a formatura ter uma carreira ou uma carreira dupla, que compara o diferente grupos permitidos.

Como mostra a Figura 5.2, os acordos de dupla fonte de renda não tinham um influência negativa sobre a probabilidade de mulheres cientistas Cientistas para ter uma carreira doze anos após a formatura. Cientistas do sexo masculino com (nos últimos seis anos) experiência científica tinham arranjos homogêneos ou ocupacionalmente heterogêneos de dupla fonte de renda são tão propensos a ter uma carreira quanto seus colegas arranjos de um único ganhador. O é chamado, o emprego ou Não- emprego da companheira para o desenvolvimento profissional do homem garantia cientista nenhum Antes- ainda Desvantagens. No Diferença além disso diminuiu o Sozinho- assim como o arranjo de ganhador único no Conhecimento- suas oportunidades de carreira. A probabilidade de um ma carreira foi com as (poucas) mulheres cientistas que assumiu o papel de servo, apenas metade do tamanho de seus colegas do sexo masculino Colegas com salário único e, como acontece com colegas com salário duplo arranjos.

Que o não-emprego para homens e mulheres (acadêmicos alunos e Parceiros) um pode ter significados diferentes ou não na mesma medida de apoio ao desenvolvimento profissional do outro parceiro por ser responsável por "assuntos privados". serve a "frente doméstica", também é usado na diferença entre aprender e cientistas com temporário arranjo de um único ganhador mentos claramente. Os (pouquíssimos) cientistas homens que trabalham no esteve desempregado por longos períodos seis anos antes não apenas duas vezes mais chances de carreira que seus colegas com o mesmo arranjo, mas também a carreira mais alta probabilidade. Este resultado inicialmente contra-intuitivo é ser explicado pelo fato de que esses cientistas passaram seu tempo de não-emprego,

por exemplo, para estudos adicionais ou um estágio dez e não - Como freqüentemente para ela Colegas – seu trabalho devido a de desemprego ou interrupção da licença parental.

Como conclusão provisória, deve-se enfatizar que os arranjos de dupla fonte de renda para homens e mulheres cientistas em comparação com arranjos de um único trabalhador não são obstáculo para a realização de seus visual profissional carreiras representar. Esse é aplicável além disso para conhecimento- eixo homogêneo Como campo ocupacional heterogêneo arranjos de ganhadores duplos. Ou seja, cientistas que fazem parte de um casal científico podem realizar sua própria carreira com a mesma frequência que colegas, cujo Parceiros fora de de área de ciência empregado são. Um conformidade de campo profissional traz então nenhum Vantagens para o Carreira própria baseada em um "conhecimento compartilhado" e melhores oportunidades de Apoiar entre parceiros (ver. Hess/Rusconi/Solga 2011a) ainda Desvantagens devido ao aumento da competição ou dificuldades de coordenação dez de requisitos profissionais semelhantes. Além disso, mostra - em particular - ré para Homens –, que temporário arranjos de ganhador único, ou seja mais longo Fases de não emprego, não necessariamente um obstáculo à carreira representam, designadamente não quando se encontrem em fases de qualificação posterior representar. Uma vez que o não emprego temporário de mulheres cientistas No entanto, mais frequentemente do que os homens com licença parental ou desemprego estava vinculado, a biografia profissional "frágil" muitas vezes os levou a que ela tem doze anos depois Diploma não adequado ocupado eram. Se você olhar agora do indivíduo para a carreira dupla, no entanto, surge um quadro diferente (Figura 5.2). Por um lado, dupla muito menos do que carreiras individuais. ted tornar-se. Para o outros são o diferenças dentro de o ambos Grupos de gênero no que diz respeito à influência dos diferentes arranjos trançados significativamente menos. Por exemplo, mulheres cientistas em arranjos de dupla fonte de longo prazo uma probabilidade muito semelhante capacidade para carreiras duplas como seus colegas, que por fases mais longas não empregado ou (menos comum) o único ganhador eram. Considerado positivo, isso significa que - ao contrário da formulação freqüentemente encontrada na literatura expectativa - um atraso ou interrupção do próprio negócio com mulheres cientistas que trabalham temporariamente em empresas tradicionais de renda única viver em parceria não acarreta nenhuma desvantagem adicional. Em negativo No entanto, isso também significa que a probabilidade de realização carreiras duplas - independentemente do relacionamento dentro da parceria arranjo de trança - são relativamente pequenos e, portanto, também o (muitas vezes trabalhoso) eu) Realização de acordos de longo prazo com dupla fonte de renda nenhum garantia para carreiras duplas.

Esta falta de benefício de trabalhador duplo para acordos de carreira dupla ção é mais evidente entre cientistas do sexo masculino e suas parceiras correr. Para os cientistas, carreiras duplas são parcerias quase improváveis. As razões para isso estão acima acima de todas as restrições de carreira com seus parceiros devido a um não emprego adequado (raramente devido ao não-emprego). A isqueiro Vantagem de realizar duas carreiras em carreiras diferentes campos ocupacionais em comparação com casais academicamente homogêneos também é evidente em os cientistas.

Absolutamente impressionante diferenças existe no entanto entre homens e Mulheres. cientistas em cientificamente homogêneo dobro Arranjos de servos têm três vezes a probabilidade de dupla carreira como seus colegas homens. Um gênero um pouco menor diferença shows em si para campo ocupacional heterogêneo casais com dupla renda, no aqueles isto também o cientistas e seu parceiros mais frequentemente conseguiu um carreira dupla para entender como o cientistas e seus parceiros. Uma explicação importante para isso é que carreiras duplas falham principalmente por causa da carreira feminina (veja acima) – mas isso entre outras coisas, devido à amostragem aleatória, com menos frequência entre mulheres cientistas do que é o caso dos sócios. [15] No entanto, isso também mostra grupo de pessoas extremamente "positivo" selecionado, que em mais de duas vezes então muitos cientistas Como cientistas o carreira dupla falhou porque ela mesma não tinha carreira (52% vs. 20%).

---

15 Para poder participar da pesquisa, eles deveriam estar em uma universidade e em um dos quatro níveis da carreira (incluindo a cátedra), ou seja, pelo menos para o Na época da pesquisa, eles trabalhavam no sistema de ciências e alguns deles tinham por definição um "Carreira" (ver. Capítulo 1 em esse Um livro).

5.6 A influência das constelações de pares sobre dupla carreira

A questão agora surge até que ponto diferentes pares constelações a realização de carreiras duplas para homens e mulheres influenciado. Quais das expectativas formuladas na segunda seção podem ser confirmados e quais não? Para responder a essas perguntas também entrega, tornou-se (separado para cientista e cientistas) também estimou regressões de probabilidade linear, que dependendo da constelação de pares lação a probabilidade de cientistas expressar, um carreira dupla doze anos depois estudar graduação para ter. [16]

5.6.1 Diferenças de renda: mesmo Dinheiro = mesmo Carreira?

Duas expectativas foram definidas para a constelação de renda em parcerias gene formulado: Para o a um economia orçamentária – gênero neutro
—   Suposição de que carreiras duplas são mais propensas a probabilidade de casais com "ganhos iguais" do que casais com renda divorciado percebeu tornar-se pode. Para o outros sob inclusão um usabilidade desigual de gênero de recursos de poder no casal, que diferenças de renda apenas aumentam a probabilidade de uma dupla diminuir se o homem (cientista ou parceiro) gastar mais serve, não no entanto se o Mulher (Cientista ou parceiro) amesmo ou renda ainda maior.

Para cientistas do sexo feminino com ganhos duplos de um campo profissional heterogêneo arranjo parece em si o primeiro suposição para confirme (Ilustração 5.3). Porque carreiras duplas são muito mais comuns com a mesma renda como no desigualdades de renda no Par. Mentiras a renda diferente, não desempenha um papel na probabilidade de uma carreira dupla Não importa se a mulher ou o homem ganha mais. Em ciência homogênea casais com dupla renda jogar diferença de renda no entanto não Papel para a probabilidade de carreiras duplas. Uma possível explicação ção para o diferente Influência o constelação de renda em homogêneo e heterogêneo Parcerias com dois ganhadores o Conhecimento- Os cientistas fornecem os resultados de uma análise anterior dos dados. Em esse poderia mostrando tornar-se (ver. Hess/Rusconi/Solga 2011a), que no cientistas em campo ocupacional heterogêneo parcerias o Valor deles científico Trabalhar parcialmente de o parceiros em questão colocada

---

16 Ao lado de o padrões de entrelaçamento e o par de constelações verificar o modelos para avançar Características, sobre o não mais perto recebido vontade (cfr. nota de rodapé 14).
tornou-se. Devido à insegurança do emprego a longo prazo e à extensa ª fase da chamada qualificação (termo utilizado para a pessoa que não familiarizado com o sistema de ciência pode levantar dúvidas poderia, até que ponto é um trabalho "real" ou melhor é uma espécie de estudo estendido) pode ser para cientistas difícil impor que suas reivindicações e solicitações de carreira mudanças no campo profissional - parcerias heterogêneas são dadas iguais ser avistado. Como resultado, uma carreira separada e uma carreira dupla seria mais viável nessas parcerias se ao menos o vir semelhante alto é. Por causa de um "compartilhado Atitude" para o Profissão (ver. Hess/Rusconi/Solga 2011a) poderia em casais de ciência o A-não têm ou têm apenas um papel subordinado nos processos de negociaçãojogar.

Fonte: registro "Junto Carreira fazer"; ter cálculos; pesada
Declarações □ □

A situação é um pouco diferente para os cientistas do sexo masculino. Em primeiro lugar, em parcerias profissionalmente heterogêneas, existe a probabilidade essencial para carreiras duplas para casais com diferença de renda muito maior do que para casais em que ambos os parceiros ganham a mesma quantia. O- Esta constatação, portanto, contradiz a hipótese econômica orçamentária. Além disso dá isto no o até muito ganho casais aqui nenhum Diferença entre casais homogêneos cientificamente e heterogêneos profissionalmente. isso estabelece sugerindo que o valor do trabalho dos homens dentro ou fora de o A ciência não é valorizada de forma diferente assim no entanto no o cientistas o caso é (por favor consulte acima). Nessa medida dá não há uma percepção neutra em termos de gênero sobre o valor do trabalho. Muito mais isso depende do gênero da pessoa que faz o trabalho, bem como da relação com a respectiva ocupação do sócio. Então devido à segregação ocupacional horizontal, homens e mulheres lich parceiro o cientistas em o diferente profissões distribuído de forma desigual. [17]

Embora as diferenças entre cientistas homens em as parcerias heterogêneas do campo profissional são maiores, a renda mesmo no caso de arranjos de entrelaçamento academicamente homogêneos Papel. Neste último caso, os cientistas tiveram mais do que seus parceiros ganhou, uma maior probabilidade de dupla carreira tanto em igual aos seus colegas, que ganhavam o mesmo que seus sócios, quando também aos (poucos) colegas que ganham menos que os seus sócios Este achado também contradiz a segunda expectativa formulada ção, porque carreiras duplas devem ser encontradas com menos frequência nesses casais no onde o homem merece mais.

Em resumo, ambas as suposições sobre a influência da renda as diferenças nas parcerias não são claramente refutadas nem confirmadas ser tomados. Renda igual significa – especialmente em parceiros cientistas do sexo masculino – não automaticamente um "igual segurança" de oportunidades de carreira na parceria, nem um recurso desigualdade inevitavelmente duplica carreiras – nem mesmo se o homem obtém a maior renda. As descobertas também mostram que a relação de renda antes tudo um papel no campo ocupacional heterogêneo casais jogos, em que devido às diferentes profissões exercidas, a emergência necessidade de "trabalho de mediação" adicional ou explicação do ficar requisitos de carreira e -logics consiste (ver. Hess/Rusconi/ Solga 2011a). Isso mostra que em arranjos ocupacionais heterogêneos o cientistas em vez de em o Posição eram, dupla carreira (e portanto, uma carreira própria) se forem tão importantes quanto a sua Os parceiros ganharam, enquanto os parceiros eram mais propensos a fazê-lo quando seus Renda maior do que a do cientista era. Isso pode ser uma dica garantir que as negociações em parcerias sobre e o a percepção do valor do trabalho não é neutra em termos de gênero nem neutra em relação à ocupação são.

---

17 Dos sócios empregados (ocupacionalmente heterogêneos) na época, o Os parceiros dos cientistas muitas vezes trabalham como professores (31% vs. 7% dos parceiros ner), enquanto os parceiros masculinos de mulheres cientistas são mais propensos a trabalhar em negócios gestão de empresas, consultoria e auditoria (21,5% vs. 5% dos sócios) ou como in- formatador (26% contra 7%) e engenheiros (16% contra 4%) estavam ativos.

5.6.2 Constelação de idade: Vai o mais velho antes?

Além da receita, a segunda seção tornou-se expectativa formulou que carreiras duplas são mais comuns em casais com idade atípica constelação ocorrem, ou seja, em casais em que as mulheres (científica trabalhadores ou Parceiros) mais velho como dela Homens são. O mesmo assumiu-se que uma sincronização dos requisitos de carreira com igual parcerias levam a uma menor probabilidade de duplo ração – especialmente em da Ciência - liderar pode.

A Figura 5.4 mostra que mulheres cientistas na academia como e campo ocupacional heterogêneo arranjos de ganhadores duplos o A constelação etária desempenha apenas um papel subordinado. a probabilidade honestidade para dupla carreira é semelhante alto em parcerias com ou sem diferença de idade assim como independente por essa, quem – mulher ou homem – o mais velho está na parceria. Para a questão de saber se depois de muitos gene arranjos de ganhador único dupla carreira possível são, tocam o A constelação etária, por outro lado, desempenha um papel importante. Obtendo um cartão ré apesar de muito tempo interrupção sucesso com um claramente mais alto Probabilidade de mulheres cientistas em parcerias da mesma idade dez. [18] O mesmo se aplica a cientistas do sexo masculino com muitos anos de experiência arranjos de um único ganhador. Aqui, também, carreiras duplas foram anos de inatividade do parceiro com maior probabilidade probabilidade em cientistas com um par ou (normalmente) para encontrar um parceiro mais jovem.

O é chamado simultaneamente, em pares parcerias consiste por um lado um risco maior para arranjos de provedor único (cf. Capítulo 2 neste livro), por outro lado, mas também uma chance maior disso em uma data posterior Hora de expandir as carreiras de ambos os parceiros. um possível A explicação óbvia para isso seria que não só, mas sobretudo, parceiros da mesma idade esperar que dois empregos levem a contradições e conflitos das demandas de trabalho de duas carreiras. O- Ser "Incompatibilidade" tentar ela faseado com um tradicional divisão de trabalho e o concentração sobre apenas um (o macho) Carreira escapar. Há então uma vantagem para o parceiro masculino e sua carreira "garantida", a carreira do parceiro pode seguir.

A maior dificuldade dos casais da mesma idade, apesar de uma longa arranjos de ganhadores duplos um carreira dupla para entender torna-se particularmente clara entre os cientistas do sexo masculino (Figura 5.4). cientista com um pares parceiro tive em particular em cientificamente homogênea, mas também em campo ocupacional heterogêneo casais um

---

18 Devido ao número insuficiente de casos de sociedades unipessoais em que o conhecimento parceiro era mais velho que seu parceiro, essa constelação de idade atípica não é aqui recebido.

claramente menor Probabilidade de Carreira Dupla como dela Colegas em Parcerias em que a diferença de idade para uma equalização parcial dos requisitos profissionais foi útil. A maior probabilidade No entanto, os cientistas do sexo masculino também tinham potencial para carreiras duplas uma constelação etária atípica. Isto aplica-se sobretudo aos estudos científicos homogêneo relacionamentos de casal: cientista com um mais velho parceiro tinham duas vezes mais chances de ter carreiras duplas do que seus pares deitado com um (típico) parceiro mais jovem. Na verdade, o "velho- ren" parceiros tenham sido mais capazes de usar sua vantagem de idade em ter carreiras e através disso em dupla carreira implemento. possível Muitas vezes havia parceiros que, devido a uma vantagem de idade, estavam em seu carreiras já avançado eram, menos preparar, esse no dificuldades para o disposição para lugar, como o Parceiros, no aqueles o homem estava avançado em desenvolvimento profissional. Ou Mas Parceiros com vantagem de idade na parceria tinham que vir junto esperar menos desvantagens ao fazer compromissos profissionais, uma vez que já seguro posições ou até primeiras posições (Como um Cátedra) alcançado tive.

Em resumo, pode-se constatar que os níveis muito baixos de dupla carreira probabilidade entre cientistas homens em homossexualidade casais comuns de dupla renda (cf. seção 5.5) parcialmente no nível superior proporção de parcerias da mesma idade pode ser rastreada - porque isso casais ter maior Dificuldades, tempo- e estatuto de igualdade dois carreiras ser realizado na ciência. Além disso, para parceiros de dupla renda observável que um atípico constelação de idade em o fez melhorar possibilidades para dupla carreiraofertas.

5.6.3 Crianças: dupla carreira apenas sem Crianças)?

As crianças devem - de acordo com a expectativa - mesmo com casais com dupla renda Restrições na carreira de mulheres (cientistas ou parceiras rin) e assim levar a carreiras duplas. Além disso, tornou-se teórico razoavelmente esperado que essa (dupla) carreira arrisque tanto no campo científico eixo homogêneo como também em campo ocupacional heterogêneo parcerias altoé.

Para cientistas com campo ocupacional heterogêneo ganhador duplo constelação duração independente de Estar disponível de crianças um probabilidade igualmente alta de uma carreira dupla (Figura 5.5). [19] O mesmo apenas pequeno diferenças dá isto entre cientistascom e sem filho(s) em casais academicamente homogêneos de dupla renda. Aqui, a probabilidade de dupla carreira para as mães foi ainda um pouco maior do que mulheres cientistas sem filhos. Ao mesmo tempo, isso significa que cientistas com de longa data arranjos de ganhadores duplos o O insucesso ou o sucesso profissional dos dois sócios não depende fundamentalmente da responsabilidade pelas crianças tem sido dependente.

A situação é diferente para mulheres cientistas com acordos de longo prazo de um único trabalhador. Aqui, sem filhos cientistas um Três vezes então altura Probabilidade de Carreira Dupla como seus colegas com pelo menos um filho biológico. um possível Explicação por esta é que essas (poucas) mulheres que estão sem responsabilidade não fazer nenhum trabalho (remunerado) para uma criança por muito tempo, esta fase poderia usar para obter mais qualificações, de modo que sua posterior melhores oportunidades de carreira reduzido ter.

Na sinopse dessas descobertas, fica claro para os cientistas garantir que apenas no caso de acordos de longo prazo com um único trabalhador as oportunidades cen para um carreira dupla com o aniversário de crianças reduzir. sucesso

---

19 Nesta época, 64% dos cientistas tinham pelo menos um filho biológico (casais cientificamente homogêneos 59%, ocupacionalmente heterogêneos 63%). cientistas com antes de longa data arranjos de ganhador único eram acima da média muitas vezes mães (83%).

Fonte: registro "Junto Carreira fazer"; ter cálculos; pesada Declarações

Se você olhar para cientistas com crianças, no entanto, você verá algo imagem diferente. Primeiro, eles realizam com menos frequência dois com seus parceiros Carreiras acadêmicas com filho(s) do que sem. Ao contrário, jogue em segundo lugar, as crianças na realização de carreiras duplas em casais rogen double ganhadores, ou seja, se o parceiro estiver fora de senschaft é empregado, não importa. [20] cientistas e seus parceiros para com campo ocupacional heterogêneo arranjo de ganhador duplo tive um quatro vezes assim altura probabilidade com (ou apesar) criança um carreira dupla

---

[20] Para esse tempo tive 56% o cientista pelo menos a corporal Criança. macho cientista em cientificamente homogêneo casais com dupla renda eram sem filhos um pouco mais frequentemente do que seus colegas em relações profissionais heterogêneas (52% contra 37%).

perceber como seus colegas com arranjos cientificamente homogêneos mento. No caso deste último, as carreiras duplas falharam principalmente devido ao outros parceiros que também são cientificamente ativos, mas também em certa medida na carreira dos cientistas. Ou seja, o nascimento de filhos leva te mais frequentemente dentro de o Ciência para um (pelo menos temporário) Pausa na carreira do que em atividades fora. Em terceiro lugar, foram - na diferença para o cientistas – o baixo Oportunidades de carreira dupla no arranjos de ganhador único (ou seja o parceiro era não empregado) não devido à presença de crianças.
Dada a responsabilidade primária das parceiras

femininas na cientistas chen para cuidados infantis e uso menos frequente de externo instalações ou linhas de cuidado através Terceiro (ver. Capítulo 3 deste livro e Hess/Rusconi 2010) aponta a diferença entre parcerias cientificamente homogêneas e profissionalmente heterogêneas dos cientistas do sexo masculino apontaram que o demorado resposta para crianças pior com os requisitos espaço-temporais de carreiras científicas é compatível como com carreiras fora de.

5.6.4 *Arranjos de moradia: Móvel e bem-sucedido?*

dado o alto requisitos de mobilidade por causa de de temporário contratos, bem como (difere dependendo da disciplina) estadias no exterior como parte da carreira científica era esperado por um lado, que arranjos de vida multilocais são mais comuns entre casais acadêmicos os spreads são. Por outro lado, assumiu-se que os arranjos habitacionais "imoveis" mentos, ou seja, viver em um lugar comum sem deslocamento ou com deslocamentos diários, com desvantagens para a realização de dupla carreira estão conectados - e isso em maior medida no caso dos cientificamente homogêneos como em casais heterogêneos de dupla renda no campo ocupacional.

Em primeiro lugar, deve-se notar que quase dois terços dos cientistas viviam no mesmo lugar que seus parceiros, para que eles ou seus parceiros os funcionários não precisavam se deslocar para o trabalho todos ou no máximo todos os dias. Aqui- por um lado, existem as diferenças entre campos ocupacionais heterogêneos e cientificamente homogêneo casais com dupla renda relativo Pequena quantidade (66% contra 60%). No entanto, os cientistas viviam em comunidades cientificamente homogêneas Casais moram em lugares separados quase duas vezes mais que seus colegas em casais heterogêneos (22% vs. 13%), enquanto os últimos são mais comuns arranjos de transporte de longa distância liderado. [21] Para o outros vivido Cientista-

---

[21] As diferenças entre parceiros academicamente homogêneos e profissionalmente heterogêneos os laços são mais pronunciados entre os cientistas do sexo masculino do que entre os do sexo feminino. Sobre isso Além disso, em todas as sociedades de dupla renda, os

homens se deslocavam com mais frequência (o cientista ou o Parceiro) como o mulheres longe.

para com A- ou arranjos de ganhador único mais frequentemente em "imobiliária" arranjos de habitação (75% ou. 70%). O concentração sobre apenas um emprego ou Carreira habilitado com isso em mais alto Dimensões o Parceiros morando juntos no mesmo lugar. arranjos de ganhadores duplos obrigatório no entanto mais frequentemente – no entanto não maioria – multilocal arranjos habitacionais.

No entanto, surge a questão de saber se a habitação multilocal realmente "recompensa" e se sim, para quais casais? A Figura 5.6 mostra que para mulheres cientistas multilocalidade, especialmente em parcerias com campos ocupacionais heterogêneos um maior probabilidade de dupla carreira. a ciência cientistas com campo ocupacional heterogêneo LAT relacionamentos de casais tive uma maior probabilidade de dupla carreira em comparação com seus pares mulheres que viviam no mesmo local com o companheiro, mas sobretudo em imediatamente com seus colegas em parcerias academicamente homogêneas Arranjos LAT. 22

---

22 Por causa de para mais baixo números de casos torna-se sobre alguns arranjos de transporte de longa distância assim como sobre A- arranjos de ganhadores não mais perto recebido.

O fato de arranjos de vida multilocais para cientistas com relacionamentos de casais homossexuais não são vantajosos, não significa, porém, que são desvantajosos. Assim são as diferenças entre estes trabalhadores do sexo feminino com arranjos de vida móveis e imóveis relativamente baixo. Incluído dá isto apenas um Exceção: mulheres cientistas o auto para o deslocamento de longa distância para o trabalho não teve um maior, mas um significativamente menor menos propensos a ter uma carreira dupla do que seus colegas "imóvel". No entanto, este último também se aplica a casais com ocupações heterogêneas. carreira dupla ren falhou aqui principalmente por causa da falta de carreira do parceiro. O O deslocamento de longa distância dessas mulheres cientistas não era, portanto, desvantajoso para elas. própria carreira, mas para a carreira dupla em Par.

As descobertas para os cientistas do sexo masculino também sugerem que multilocalidade o chance para um ter Carreira o parceiros e assim, para uma carreira dupla como casal, apesar de muitos anos sem emprego capacidade do parceiro pode se abrir. Cientistas com muitos anos de sola Os arranjos de servidores tiveram uma percepção de carreira dupla significativamente maior probabilidade se eles morassem em lugares separados. Um comparativo também tinham uma alta probabilidade de ter uma carreira dupla ler com campo ocupacional heterogêneo arranjos de ganhadores duplos – no entanto relativamente independentes de seus arranjos de vida. Ao contrário de sabe- Em parcerias profissionalmente heterogêneas, os casais homossexuais Vida no mesmo Localização não com menor Oportunidades de carreira dupla "ser-pune". [23] Um possível Explicação portanto mentiras em para o de parceiros profissão docente frequentemente exercida (cf. ponto 5.1), com a qual o morar e trabalhar em um só lugar parece ser mais possível - e isso, sem se restringir ao desenvolvimento profissional adequado ser. [24]

resumindo pode homem Agarrar, que cientificamente homogêneo Parcerias com dois ganhadores mais frequentemente com multilocal tipos de habitação acompanhado como campo ocupacional heterogêneo. Apenas para macho cientista poderia ser confirmada a expectativa de que os arranjos de vida "imóvel" com maiores desvantagens para a realização de estudos cientificamente homogêneos tendem a estar associadas a carreiras duais e heterogêneas no campo ocupacional. enfatizar é também o fora do comum positivo Influência de multilocal arranjo de habitação

---

[23] Tal como acontece com as mulheres cientistas, a probabilidade de carreiras duplas na área científica parcerias homogêneas ainda mais baixas para cientistas que trabalham remotamente delten. No entanto, como aconteceu com seus colegas, isso não diminuiu as chances de um de seus Carreira, em vez de para o Carreira o parceiro (e consequentemente para dupla carreira).

[24] Apesar da responsabilidade dos estados federais pelos professores, o que transpõe as fronteiras estaduais formalmente mais complicado, uma pesquisa em universidades alemãs mostrou que As administrações universitárias viram-se então em condições de apoiar a procura de emprego do parceiro mento de professores recém-nomeados e, portanto, a vida e obra dos parceiros um lugar comum se trabalhassem como professores (cf. Rússia coni/solga 2002; Solga/Rusconi 2004).

para as carreiras dos sócios com longos períodos de emprego falta e conseqüentemente para a realização de carreiras duplas, bem em sociedades em que um emprego remunerado tarefa foi "dispensado".

No entanto, arranjos de vida são – como qualquer arranjo de entrelaçamento – dinâmico e pode mudar ao longo do tempo, com requisitos e com possibilidades de mudança. Com relação à questão de saber se a ciência acopla um mais alto dinâmica o arranjos de habitação assunto como casais, no aquelesos parceiros são ativos fora da ciência, descobriu-se que este apenas no macho cientistas o caso é. magro a Trimestre o cientista masculino com um arranjo de campo ocupacional heterogêneo nenhuma mudança nas condições de vida devido a uma mudança de empregador o parceiro, enquanto tal estabilidade apenas em um cientista poderia ser encontrado com um arranjo cientificamente homogêneo. As diferenças entre mulheres cientistas, por outro lado, eram muito baixos: em algo mais mulheres cientistas em atividades academicamente homogêneas do que em profissõesrogens parcerias tive o Parceiro sem mudança de empregador, o para mudanças em para o arranjo habitacional (17% vs. 11%).

Em casais de dupla renda com ocupações heterogêneas, foi particularmente cientistas homens, mas também entre cientistas mulheres, a dupla carreira probabilidade maior se o parceiro não tiver um empregador houve uma mudança que levou a mudanças no arranjo de vida (Fig. 5.7). Carreiras duplas são, portanto, mais prováveis de serem alcançadas por aqueles casais em que o atividade profissional dos sócios sem ajustes (adicionais) de mobilidade trouxe com ele. Esta descoberta sugere que as parcerias e carreiras duplas precisam de certa estabilidade. Embora isso também Se a diferença for um pouco menor, o mesmo se aplica aos machos Cientistas com salário único e para mulheres cientistas com salário único arranjos, ou seja, em que a mulher (companheira ou pesquisadora) rin) não é empregado há muito tempo. Em duplo cientificamente homogêneo casais com renda, por outro lado, não houve diferença entre conhecimento trabalhadoras cujos parceiros têm nenhum ou um ou mais trabalhadores "móveis" teve uma mudança de empregador. Isso, por sua vez, significa que esse cientista para a respeito de o realização de dupla carreira menos de o estabilidade do local de residência de seus parceiros do que suas colegas Parceiros com atividades fora da ciência. Porque com eles era Risco maior que a estabilidade espacial (também) em seus parceiros com carreira restrições. Ou seja, embora seja uma atividade do sócio/ o parceiro em o Ciência não absolutamente mais frequentemente com móvel mudando de empregador vai junto então são mas em o Ciência esse mudar em vez de necessário, em volta educacional e idade apropriada posições para e assim também combinar carreiras duplas (cientificamente homogêneas) real.

5.6 *Conclusão*

Neste capítulo, as consequências dos padrões de entrelaçamento no Histórico de contratação de parcerias para a realização do próprio (Ciência) e examinada para carreiras duplas. Além disso- foram as diferentes opções dos casais por causa de sua constelações de casais, Responsabilidade para Crianças e arranjos de habitação explorado.

Em geral, mostra , *primeiro* , que há mais cientistas do que Cientistas do sexo feminino conseguiram encontrar posições profissionais adequadas à educação e à idade (doze anos após a formatura: 86% vs. 73%). Apesar disso No entanto, altas proporções de acadêmicos com carreiras foram *secundárias* dupla carreira sem chance o predominante parceria arranjo mento; porque apenas metade dos cientistas e dois quintos dos cientista percebeu um carreira dupla no Par. Apesar de mais alto imagem

estrume e participação trabalhista no Parceiros é o realização de carreiras duplas em parcerias acadêmicas, portanto, sem autoconfiança firmeza. *Em terceiro lugar,* as carreiras duplas geralmente falham devido à "falta a carreira da mulher. Em quase toda segunda parceria na ciência cientistas do sexo masculino e cada sexta cientista do sexo feminino capaz de alcançar uma educação e uma posição profissional adequada à idade. Isso significa que nessas parcerias houve uma priorização da carreira do parceiro masculino em vez disso. Por outro lado, as mulheres em parceria tiveram um carreira, então em geralmente "junto" com ela Parceiro.

As mulheres não apenas têm menos probabilidade de conseguir carreiras apropriadas para sua educação e idade, cargos, eles também tiveram períodos frequentes (longos) de não-emprego tarefa. No período de seis a doze anos após a formatura quase todas as sétimas mulheres cientistas praticam um arranjo de um único ganhador, principalmente por causa de licença parental ou desemprego estava empregado. Em contraste, quase um terço eram seus colegas o único ganha-pão na parceria. De acordo com o mito da carreira, deve esses cientistas do sexo masculino, graças à sua conexão de longo prazo com o mercado de trabalho combinado com o apoio de um desempregado ge parceiro que tem as "melhores" oportunidades de carreira. Ao contrário deste mito mostram as conclusões deste capítulo que tal gênero típico A divisão do trabalho no casal não "vale a pena" na medida em que afeta as perspectivas de carreira das mulheres (na melhor das hipóteses, apenas a curto e médio prazo), mas a ninguém vantagem para as carreiras de cientistas do sexo masculino. a carreira de acordo com remythos, mulheres cientistas tinham que, mas não seus colegas do sexo masculino, esperam desvantagens de carreira se concordarem arranjos de servidores com interrupções mais longas do próprio profissional habilidade praticado. O Diferença entre macho e fêmea cientistas e entre mães e cientistas sem filhos correr com arranjos de ganhador único esclarecido no entanto, que não todoO não-emprego (de longo prazo) por si só leva a uma desvantagem, mas especialmente quando isso é devido a licença parental ou desemprego feito. Se, por outro lado, esse tempo for usado para qualificação posterior, então coloca este arranjo não é um obstáculo à carreira.

Para carreiras duplas, no entanto, o quadro é diferente: por um lado, tornando-se Carreiras duplas realizadas com muito menos frequência do que carreiras individuais, por outro as diferenças dependendo do arranjo de entrelaçamento são significativamente menores eng. Especialmente cientistas do sexo feminino

em acordos de renda dupla de longo prazo elementos tiveram uma carburação dupla com uma probabilidade muito semelhante como seus colegas que não estão empregados por longos períodos ou que (raramente) que eram os únicos provedores. O mesmo aconteceu com os homens Acadêmicos com acordos de único e (menos comumente) único ganhador em comparação com seus colegas em trabalhadores de dupla renda com ocupações heterogêneas parcerias. Por um lado fecha então o gênero típico (mas também atípica) "renúncia" de longo prazo ao emprego remunerado não necessariamente fig carreiras duplas posteriores, por outro lado o (muitas vezes árduo) longo prazo realização genética e coordenação de dois trabalhos nenhum garantia para carreiras duplas. O é chamado, arranjos de ganhadores duplos
não "protegem" contra a priorização do desenvolvimento profissional (para Maior parte do tempo o des parceiro masculino) (cf. Capítulo 4 neste Um livro).

A vantagem que faltava dos arranjos de ganhadores duplos para carros duplos A relação é particularmente clara no caso de parcerias academicamente homogêneas. A realização de duas carreiras é bem-sucedida - especialmente para os homens cientistas, mas também entre suas colegas mulheres - muito mais raramente, se ambos os parceiros seguirem carreiras acadêmicas do que se os parceiros ner fora de de campo profissional Ciência empregado são. Apesar de longo-anos de emprego, são principalmente as parceiras (cientistas colaboradores ou parceiros de cientistas) que não são adequados estavam ocupados. Os achados sobre a influência da constelação etária no As parcerias dos cientistas do sexo masculino sugerem que uma relação causal A razão disso está nas maiores dificuldades dos casais, tempo e status realizar duas carreiras científicas ao mesmo tempo. Um desenvolvimento (relacionado à idade) A distorção da sincronização de requisitos profissionais (semelhantes) é após propício para carreiras duplas. Em vista disso, vejam-se acima de tudo casais da mesma idade, pelo menos temporariamente com esta incompatibilidade uma divisão tradicional do trabalho (ver Capítulo 2 deste livro) ou uma Priorizar o desenvolvimento profissional do parceiro masculino Senior Esse estratégia fecha aquilo é mais tarde dupla carreira não fora de (Como também as descobertas para mulheres cientistas com renda única tradicional arranjos de show), mas é sem dúvida bastante arriscado e envolve uma desvantagem (na melhor das hipóteses, apenas temporária) para mulheres bem qualificadas e contribui para a (re)produção das desigualdades no mundo do trabalho e na nerships.

As descobertas para os cientistas do sexo masculino também deixam claro que Casais também têm maior dificuldade em duas carreiras científicas perceber quando são responsáveis pelos filhos. Que isso não é pode ser observado em mulheres cientistas reside, entre outras coisas, em suas - uso muito mais frequente e precoce de cuidados externos instalações e serviços de apoio fornecidos por terceiros (vs. um principal apoio material dos sócios dos cientistas; ver. Capítulo 3 deste livro e Hess/Rusconi 2010; Hess/Rusconi/Solga 2011a). O é chamado, Crianças significar nao por ver a pausa na carreira para mulheres – nem mesmo na ciência – mas depende em grande medida os respectivos arranjos de cuidados (consulte o Capítulo 3 deste livro). No entanto, o fato de que cientistas do sexo masculino em ocupações Parcerias terogênicas carreiras duplas com filho(s) são mais possíveis como em casais de ciência (lá o parceiros com profissões fora de o Ciência com menos desvantagens para o ter Carreira calcular tinha que fazer), deveria encorajar universidades e instituições científicas a buscar soluções específicas para cada fase da vida, bem como a base científica sistema e seus requisitos de carreira podem ser projetados de forma mais flexível (ver. Hess/Rusconi/Solga 2011b).

Outro obstáculo para a realização de carreiras duplas - à frente especialmente na ciência - representam requisitos de mobilidade. Emboracasais de ciência apenas parcialmente mais frequentemente como campo ocupacional heterogêneo casais praticar arranjos habitacionais multilocais e adaptá-los ao trabalho sen (must) é uma tal "mobilidade" para carreiras em ciência em vez de necessário. Empregador – e em ótimo faculdades e Conhecimento- instalações corporativas – pode começar com o estabelecimento e expansão de Serviços de dupla carreira e com ofertas de emprego para os sócios contribuem para que "fazer carreira juntos" não seja sinônimo tendência com uma separação espacial de longa data, se não permanente o parceiro é; ou que para a Vivendo juntos sobre um apropriado desenvolvimento profissional (se não emprego) um dos parceiro é dispensado.

Para realmente carreira dupla e não "apenas" casais com dupla rendapromover, as ofertas de dupla carreira devem, por um lado, já ser para casais em mais cedo Fases de carreira devem estar disponíveis (e não apenas de a cátedra), por outro lado, ser adequado às qualificações dos sócios e oferecem uma visão de desenvolvimento profissional (mais) (cf. Hess/Rusconi/ solga 2011b). Então Como o achados esse Capítulo mostra claramente é mesmo no caso de casais acadêmicos, o longo prazo (!) e muitas vezes complicado direito de manter dois empregos não sinônimo ou uma garantia para a realização de carreiras duplas. Por causa disso Os casais fariam bem em não ter nenhum emprego remunerado com a conquista equivale a uma carreira (cf. também capítulo 1 neste

Um livro).

<u>O FIM</u>

Descrição

Em suma, construir uma vocação frutífera certamente não é uma conquista simples, mas é possível quando você tem a perspectiva, as habilidades e o comportamento certos. Lembre-se de que o sucesso não é apenas atingir seus objetivos, mas também manter um equilíbrio entre atividades sérias e divertidas, apoiar conexões e atrair o público. Seu processo de carreira pode ser carregado com tempos promissores e menos promissores, mas é importante permanecer versátil, adaptável e pronto para ganhar com seus deslizes. Por fim, fazer uma profissão juntos está relacionado a criar uma vida satisfatória para você e todos ao seu redor. Boa sorte em sua excursão!

www.ingramcontent.com/pod-product-compliance
Lightning Source LLC
Chambersburg PA
CBHW071132220526
45467CB00015B/883